税务会计处理全流程演练

从入门到精通

王淑敏◎编著

中国铁道出版社有限公司

CHINA RAILWAY PUBLISHING HOUSE CO., LTD.

图书在版编目(CIP)数据

税务会计处理全流程演练从入门到精通 / 王淑敏编著 . —北京:
中国铁道出版社有限公司,2022.6

ISBN 978-7-113-28401-5

Ⅰ.①税⋯ Ⅱ.①王⋯ Ⅲ.①税务会计-基本知识 Ⅳ.①F810.42

中国版本图书馆 CIP 数据核字(2021)第 189681 号

书　　名：**税务会计处理全流程演练从入门到精通**
SHUIWU KUAIJI CHULI QUAN LIUCHENG YANLIAN CONG RUMEN DAO JINGTONG

作　　者：王淑敏

责任编辑：王　宏　　　编辑部电话：(010)51873038　　电子邮箱：17037112@qq.com
封面设计：宿　萌
责任校对：焦桂荣
责任印制：赵星辰

出版发行：中国铁道出版社有限公司(100054,北京市西城区右安门西街 8 号)
印　　刷：三河市宏盛印务有限公司
版　　次：2022 年 6 月第 1 版　2022 年 6 月第 1 次印刷
开　　本：710 mm×1 000 mm 1/16　印张：12　字数：185 千
书　　号：ISBN 978-7-113-28401-5
定　　价：59.80 元

前　言

"安斯财务全流程系列"图书，每本书围绕某一财务会计岗位，设计该岗位的岗位职责、工作流程、业务规范和操作示范，通过图解示范、提示注释、实账演练等内容模块，向企业财务部门会计、出纳、审计、税务等岗位的从业人员提供了一套集处理规范、操作示范于一体的实务用书。

《税务会计处理全流程演练从入门到精通》是"安斯财务全流程实操系列"图书中的一本，是专门写给税务新手使用的操作示范工具书！

本书从税务人员必会的工作事项、专业知识和技巧出发，以税收实体法（如《中华人民共和国个人所得税法》《中华人民共和国企业所得税法》）以及税收程序法（如《中华人民共和国税收征收管理法》）为依据，运用图表、案例，把晦涩的税务知识变得浅显易懂，把烦琐的税务工作变得简单明了，旨在帮助税务新手以及想要从事税务工作的人员快速熟悉税务工作，掌握税务工作方法与操作技能，从而快速胜任税务岗位。

本书主要特点如下：

1. 根据最新税收法律编写

内容以我国最新颁布和修订的税收法律、法规以及政策为依据，结合最新税务政策变化的具体内容进行编写。内容充实，结构严谨，具有较强的可读性与可操作性。

2. 对 14 个税种进行精讲

本书建构了科学、完善的税收法律体系，同时吸纳了最新的税收法律法规，较为全面、系统地阐述了现行税法知识。书中共对我国 14 个税种，即增值税、消费税、关税、契税、房产税、印花税、车船税、资源税、企业所得税、土地增值税、个人所得税、城镇土地使用税、城市维护建设与教育费附加等进行了全面、具体的精讲，解析明白易懂。

3. 对 82 个纳税业务操作进行规范和示范

操作示范从税务新手的实际出发，对 14 个税种的纳税业务操作进行了规范，穿插设计了这些业务的处理、操作示范，以指导税务新手快速胜任税务岗位工作。

4. 为税务新手提供全方位的自我培训用书

本书对企业税务业务进行规范和示范，为税务岗位的新任人员提供详细的操作说明，基本上可满足税务岗位新任人员的培训需求。因此，本书也可作为企业为税务类岗位从业人员实施业务操作培训的指导用书。

安斯财税中心

目 录

第15章　示范——城市维护建设与教育费附加纳税业务操作 ······ 176

第1章

税务新手熟记、谨记、铭记事宜

1.1　熟记8项涉税过程

1.1.1　税务登记

税务登记是税务机关依据税费规定对纳税企业开业、变更、歇业以及生产经营活动等进行的登记事项,具体包括设立登记、变更登记、停业与复业登记、注销登记、外出经营报验登记、纳税人税种登记、扣缴税款登记等。它是税务机关对纳税企业实施税收管理的首要环节和基础工作,是纳税企业与税务机关双方法律关系成立的依据和证明,也是纳税企业必须依法履行的义务。

1.1.2　税种核定

税种核定是由其主管税务机关的税务专管员根据实际经营范围和经营特点,正确核定该企业的应纳税种(例如增值税、企业所得税、个人所得税、城市建设税、教育附加税、印花税等)、税目。企业根据税务机关核定的税种正常申报纳税。

1.1.3　设立账簿

一般情况下,企业应按照税收法律、法规的规定设立账簿。各纳税企业按照法律、法规的规定加强账簿、凭证的管理,是企业正确计算应纳税款、严格履行纳税义务的重要环节。

1.1.4 领购发票

发票是企业在购销商品、提供或者接受服务以及从事其他经营活动中，开具、收取的收付款凭证，是会计核算的原始依据，也是审计机关、税务机关执法检查的重要依据。发票包括普通发票和增值税专用发票，税务机关对增值税专用发票的领取、使用和管理，法律、法规有更加严格的规定。纳税人领购发票必须严格依法进行。

1.1.5 纳税申报

纳税申报是纳税企业在发生纳税义务后，按照税法规定的期限和内容，向主管税务机关提交有关纳税书面报告的法律行为。纳税企业必须在规定的申报期限内如实办理纳税申报，报送各类纳税申报表、财务会计报表以及税务机关要求报送的其他资料。

纳税申报常用的方式有直接到税务机关办理纳税申报和网上电子申报。纳税申报后，纳税人应当在规定期限内足额缴纳税款。

1.1.6 涉税变更

当企业发生合并、分立、终止时，将出现一系列税务问题，主要表现为图 1-1所示的三种，供读者参考。

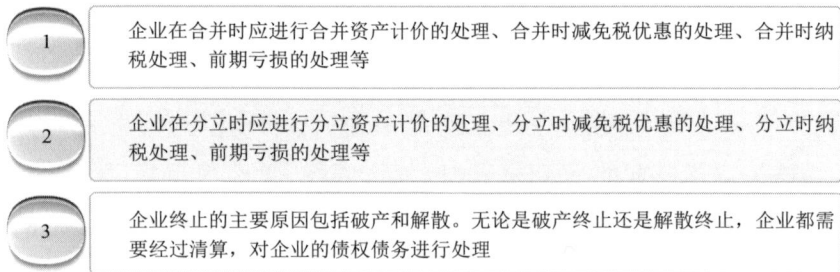

1	企业在合并时应进行合并资产计价的处理、合并时减免税优惠的处理、合并时纳税处理、前期亏损的处理等
2	企业在分立时应进行分立资产计价的处理、分立时减免税优惠的处理、分立时纳税处理、前期亏损的处理等
3	企业终止的主要原因包括破产和解散。无论是破产终止还是解散终止，企业都需要经过清算，对企业的债权债务进行处理

图 1-1　企业变更的涉税问题

1.1.7 减免税

减免税是对某些纳税企业和征税对象给予鼓励和照顾的一种措施。减税是对应纳税额少征一部分税款；免税是对应纳税额全部免征。

与减免税有关的还有起征点和免征额两个概念。其中,起征点指开始计征税款的界限。征税对象数额没达到起征点的不征税,达到起征点的就全部数额征税。免税额指在征税对象全部数额中免予征税的数额,超过免征额的只对超过部分征税。

1.1.8 资料保管

纳税资料是企业有关税务事项的各种表、册、簿等资料的统称。纳税资料包括税务登记表、纳税申报表、企业基本情况登记表、财务会计报表、纳税检查记录等。

企业纳税资料档案应指定专人保管,建立责任制和有关管理制度,防止资料损坏、丢失或篡改。纳税资料需要销毁时,要填制销毁资料清单,列出应销毁资料的名称、份数、所属时间等,经税务机关审查后销毁,并将销毁资料清单存入本年度的纳税资料档案。

1.2 谨记 3 种法律法规

1.2.1 税收实体法

我国目前的实体税制是以间接税和直接税为双主体的税制结构,我国主要税种有增值税、消费税、契税、关税、房产税、印花税、车船税、资源税、企业所得税、土地增值税、个人所得税、城镇土地使用税、城市维护建设税与教育费附加等。

上述税种中,除《个人所得税法》是以国家法律的形式发布实施外,其他各税种都是经全国人民代表大会授权立法,由国务院以暂行条例的形式发布实施。

1.2.2 税收征管法

《中华人民共和国税收征收管理法》(以下简称《税收征收管理法》)已由中华人民共和国第九届全国人民代表大会常务委员会第二十一次会议于2001 年 4 月 28 日修订通过,自 2001 年 5 月 1 日起施行。2013 年 6 月 29 日第十二届全国人民代表大会常务委员会第三次会议又通过了对该法做出的修改,将第十五条第一款修改为"企业,企业在外地设立的分支机构和从事生产、经营的场所,个体工商户和从事生产、经营的事业单位自领取营业执照之日起三十日内,持有关证件,向税务机关申报办理税务登记。税务机关应当于收到申报的当日办理登记并发给税务登记证件。"

《税收征收管理法》的执行主体主要包括税务机关,纳税人、扣缴义务人和有关单位、部门,具体说明见表1-1。

表1-1 执行主体说明表

执行主体	具体说明
税务机关	国务院税务主管部门主管全国税收征收管理工作 国家税务总局和地方税务局应当按照国务院规定的税收征收管理范围分别进行征收管理
纳税人、扣缴义务人	法律、行政法规规定负有纳税义务的企业和个人为纳税人 法律、行政法规规定负有代扣代缴、代收代缴税款义务的企业和个人为扣缴义务人
有关单位和部门	包括地方各级人民政府在内的有关单位和部门

1.2.3 发票管理办法

为了加强发票管理和财务监督,保障国家税收收入,维护经济秩序,国务院第136次常务会议修改通过了《中华人民共和国发票管理办法》,并于2011年2月1日起施行,该《办法》对发票的印制、领购、开具、保管、检查、罚则做出详细规定。

1. 发票印制

增值税专用发票由国务院税务主管部门确定的企业印制;其他发票,按照国务院税务主管部门的规定,由省、自治区、直辖市税务机关确定的企业印制。禁止私自印制、伪造、变造发票。准许印制发票的企业应当具备图1-2所示的三项条件。

2. 发票领购

企业第一次领购发票,应使用一证通登录网上税务局,按照相应规定填写增值税发票票种核定表及报送相关附件,经税务机关审批通过后下载回执单并携带该回执单向税控服务单位购买税控设备,税控设备发行成功后,企业购票人应携带发票专用章、税控器、二代身份证及税务登记证件到税务大厅办理发票领购手续。初次领购需到税务大厅办理,以后可以采用"e票送"网上领票。

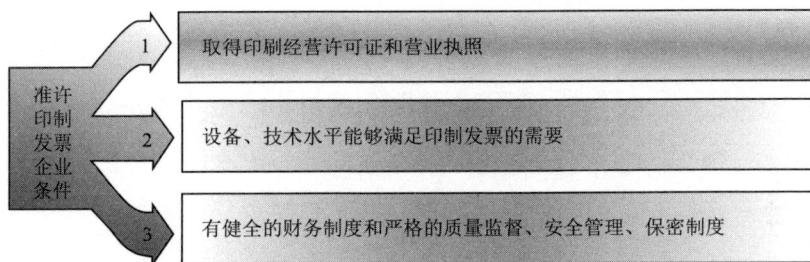

图1-2 准许印制发票的企业应当具备的三项条件

3. 发票开具

销售商品、提供服务以及从事其他经营活动的企业和个人,对外发生经营业务收取款项,收款方应当向付款方开具发票。取得发票时,不得要求变更品名和金额。开具发票应当按照规定时限、顺序、逐栏全部联次一次性如实开具,并加盖单位发票专用章。任何单位和个人不得转借、转让、代开发票;未经税务机关批准,不得拆本使用发票;不得自行扩大专业发票使用范围;对不符合规定的发票,不得作为报销凭证,任何单位和个人有权拒收。

4. 发票保管

任何企业和个人应当按照发票管理规定使用发票,企业在发票使用过程中,应注意图1-3所示的四点注意事项。

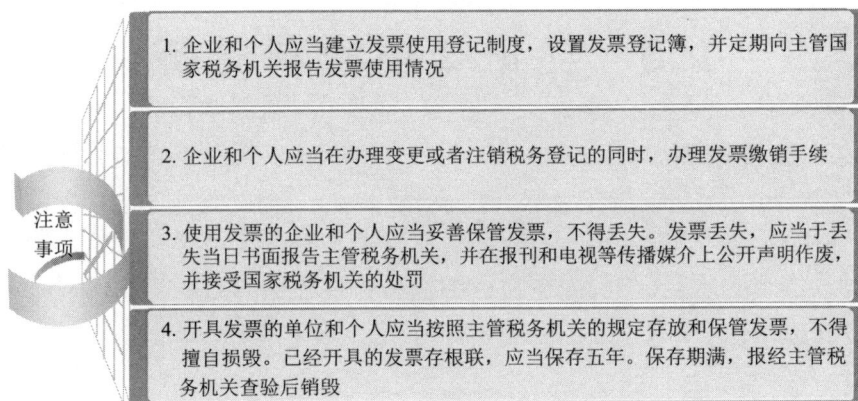

图1-3 发票保管的注意事项

5. 发票检查

印制、使用发票的企业和个人,必须接受税务机关依法检查,如实反映情况,提供有关资料,不得拒绝、隐瞒。税务人员进行检查时,应当出示税务检查证。

6. 罚则

当出现图 1-4 所示六种行为的企业和个人,由国家税务机关责令限期改正,没收非法所得,并处予一定的经济罚款。

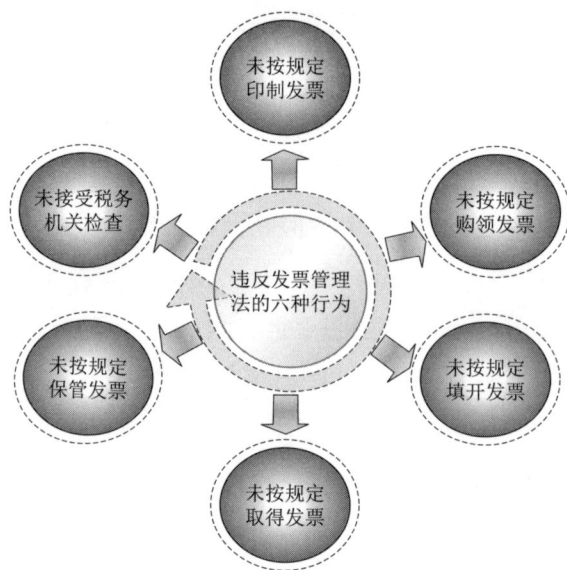

图 1-4　违反发票管理法的六种行为

1.3　铭记 2 项权利义务

1.3.1　纳税权利

根据《中华人民共和国税收征收管理法》及其实施细则和相关税收法律、行政法规的规定,纳税人在履行纳税义务过程中,依法享有 14 项基本权利,具体说明见表 1-2。

表 1-2　纳税人应享有的权利

权利	具体说明
知情权	纳税人、扣缴义务人有权向税务机关了解国家税收法律、行政法规的规定以及与纳税程序有关的情况
申请领购发票权	依法办理税务登记的单位和个人，在领取税务登记证件后，有向主管税务机关申请领购发票的权利。需要临时使用发票的单位和个人，可以直接向税务机关申请办理；到本省以外从事经营活动的单位或个人，可凭所在地税务机关的证明，向经营地税务机关申请领购
申请延期申报权	纳税人、扣缴业务人不能按期办理纳税申报或者报送代扣代缴、代收代缴税款报告表，经税务机关核准，可以延期申报。经核准延期办理前款规定的申报、报送事项的，应当在纳税期内按照上期实际缴纳的税额或者税务机关核定的税额预缴税款，并在核准的延期内办理税款结算
申请延期缴纳税款权	纳税人在纳税期限内，若因自然灾害、意外事件或其他无法抗拒的原因，正常纳税确有困难的，税务机关可以在法定期限内准予延期纳税，以帮助其解决临时困难或渡过难关 纳税人不能按期缴纳税款的，经省、自治区、直辖市税务局批准，可以延期缴纳税款，但是最长不得超过 3 个月
申请减税、免税权	符合条件的纳税人可以依照法律、行政法规的规定书面申请减税、免税。减税、免税的申请须经法律、行政法规的规定书面申请减税、免税
申请退税权	纳税人自结算缴纳税款之日起 3 年内发现的，可以向税务机关要求退还多缴的税款并加算银行同期存款利息，税务机关及时查实后应当立即退还
索取完税凭证、扣押收据或清单权	根据《税收征管法》的有关规定，税务机关征收税款时，必须给纳税人开具完税凭证。扣缴义务人代扣、代缴税款时，纳税人要求扣缴义务人开具代扣、代收税款凭证的，扣缴义务人应当开具
要求保密权	纳税人、扣缴义务人有权要求税务机关为纳税人、扣缴义务人的情况保密。税务机关应当依法为纳税人、扣缴义务人的情况保密
拒查（付）权	对税务机关及其人员不依法进行的税务执法行为，纳税人有权拒绝，以制约税务人员的执法行为
陈述、申辩权	纳税人对税务机关所给予的行政处罚，享有陈述权、申辩权，说明自己对处罚的看法和理由，以维护自己的合法权益
听证权	纳税人在受到税务机关较大数额罚款时，依法享有听证权
举报权	纳税人、扣缴义务人有权控告和检举税务机关、税务人员的违法违纪行为
复议和诉讼权	纳税人、扣缴义务人对税务机关所做出的决定，享有陈述权、申辩权；依法享有申请行政复议、提起行政诉讼、请求国家赔偿等权利
追索赔偿权	纳税人在期限内已缴纳税款，税务机关未立即解除税收保全措施，使纳税人的合法利益遭受损失的，税务机关应当承担赔偿责任

1.3.2　纳税义务

依照宪法、税收法律和行政法规的规定,纳税人在纳税过程中应履行 11 项基本义务,具体说明见表 1-3。

表 1-3　纳税人应履行的义务

义务	具体说明
税务登记的义务	纳税人在发生纳税事宜时,有义务在规定期限内申报办理税务登记 在税务登记内容发生变化时,有义务按规定办理变更或注销税务登记 纳税人应按照规定使用税务登记证件,不得转借、涂改、损毁、买卖或伪造税务登记证件 税务登记证件遗失,应当书面报告主管税务机关并公开声明作废,同时申请补发
账簿、凭证管理的义务	纳税人、扣缴义务人必须依法建立健全财务会计制度,设置账簿;根据合法有效的凭证记账、核算;按照规定的保管期限保管账簿、记账凭证和完税凭证等有关资料
报送财务、会计制度或会计处理办法备案的义务	从事生产、经营的纳税人的财务、会计制度、会计处理办法,应当报送税务机关备案。从事生产、经营的纳税人的财务、会计制度或者财务、会计处理办法与国务院或者财政、税务主管部门有关税收的规定抵触的,依照国务院或者国务院财政、税务主管部门有关税收的规定计算纳税
发票使用、保管的义务	纳税人有按照规定领购、使用、开具和保管发票的义务。特别是增值税,一般纳税人对增值税专用发票领、用、存都要有专人负责,建立专账、专表报告,不得非法印制、使用、伪造、变造和倒卖 丢失发票的,要及时向税务机关报告并声明作废
纳税申报的义务	纳税人有义务在税法规定的申报期限内办理纳税申报,报送纳税申报表、财务会计报表以及税务机关根据实际需要要求纳税人报送的其他纳税资料
税款计算的义务	纳税人必须按照税法及有关财务、会计制度的规定,正确计提或计算当期应纳税金;企业或者外国企业在中国境内设立的从事生产、经营的机构、场所与其关联企业之间的业务往来,应当按照独立企业之间的业务往来收取或者支付价款、费用,否则,税务机关有权进行核定
按时纳税的义务	纳税人有义务按时纳税。一旦超过纳税期限,税务机关都要依法加收滞纳金并责令期限缴纳,限期过后仍不缴纳的要依法予以处罚
代扣、代收税款的义务	扣缴义务人应依照法律、行政法规的规定,履行代扣、代收税款的义务;扣缴义务人依法履行代扣、代收税款义务时,纳税人拒绝的,扣缴义务人应当及时报告税务机关处理;扣缴义务人代扣、代收税款时,必须给纳税人开具完税凭证
结清税款或提供担保的义务	欠缴税款的纳税人在出境前,有向税务机关结清应纳税款或者提供担保的义务。未结清税款,又不提供担保的,税务机关可以通过出境管理机关阻止其出境

义务	具体说明
及时提供信息的义务	纳税人除通过税务登记和纳税申报向税务机关提供与纳税有关的信息外，还应及时提供其他信息。如纳税人有歇业、经营规模扩大、遭受各种灾害等特殊情况的，应及时向税务机关说明，以便税务机关依法妥善处理
配合税务检查的义务	纳税人应主动配合税务部门按法定程序进行的税务检查。如实地向税务机关反映自己的生产经营情况和执行财务制度的情况，并按有关规定提供报表和资料，不得隐瞒和弄虚作假，不能阻挠、刁难税务机关及其工作人员的检查和监督

第 2 章

新手必会的税务管理 7 事项

2.1 税务登记事项

2.1.1 设立税务登记时限

依据我国《税收征收管理法》及其实施细则的相关规定,企业应当自工商行政管理机关领取营业执照之日起 30 日内办理税务登记。

除上述情况以外,如有图 2-1 所示情形时也要设立税务登记。

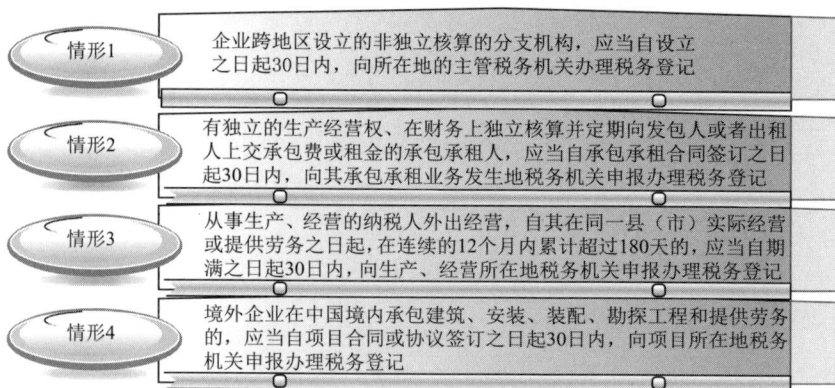

情形1	企业跨地区设立的非独立核算的分支机构,应当自设立之日起30日内,向所在地的主管税务机关办理税务登记
情形2	有独立的生产经营权、在财务上独立核算并定期向发包人或者出租人上交承包费或租金的承包承租人,应当自承包承租合同签订之日起30日内,向其承包承租业务发生地税务机关申报办理税务登记
情形3	从事生产、经营的纳税人外出经营,自其在同一县(市)实际经营或提供劳务之日起,在连续的12个月内累计超过180天的,应当自期满之日起30日内,向生产、经营所在地税务机关申报办理税务登记
情形4	境外企业在中国境内承包建筑、安装、装配、勘探工程和提供劳务的,应当自项目合同或协议签订之日起30日内,向项目所在地税务机关申报办理税务登记

图 2-1 设立税务登记的情形

2.1.2 设立税务登记材料

办理税务登记应带的手续依照行业、经济性质与具体相关事务的不同而有所区别。但一般情况下,税务登记应向税务机关如实提供图 2-2 所示的五项材料。

1. 工商营业执照或其他核准执业证件及工商登记表
2. 有关合同、章程、协议书
3. 组织机构统一代码证书
4. 法定代表人或负责人或业主的居民身份证、护照或者其他合法证件
5. 主管税务机关要求提供的其他有关证件、资料

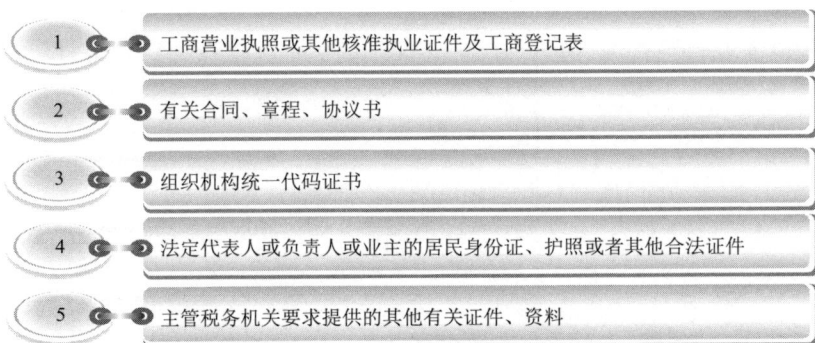

图 2-2　设立税务登记的五项材料

2.1.3　设立税务登记程序

企业在办理设立税务登记时,应当遵循相应的程序规定,按照主管税务机关的要求提交相应的证件和资料。企业在设立税务登记时,依据图 2-3 所示的程序进行。

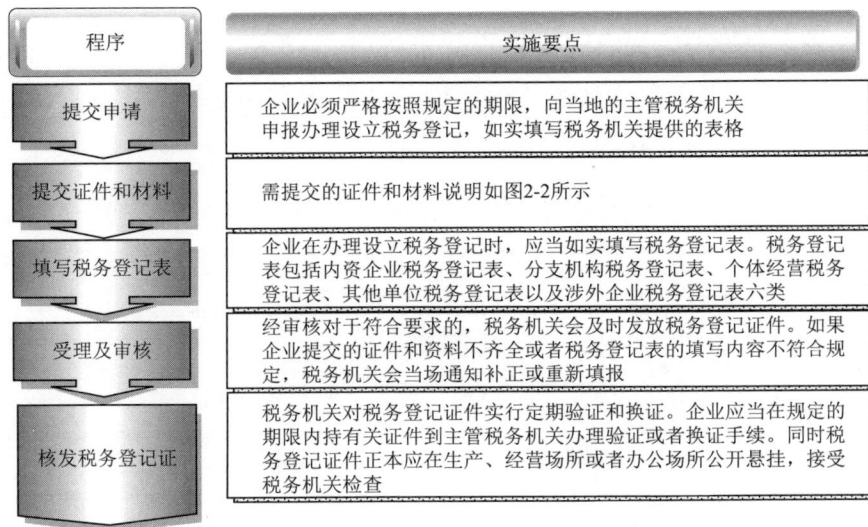

程序	实施要点
提交申请	企业必须严格按照规定的期限,向当地的主管税务机关申报办理设立税务登记,如实填写税务机关提供的表格
提交证件和材料	需提交的证件和材料说明如图2-2所示
填写税务登记表	企业在办理设立税务登记时,应当如实填写税务登记表。税务登记表包括内资企业税务登记表、分支机构税务登记表、个体经营税务登记表、其他单位税务登记表以及涉外企业税务登记表六类
受理及审核	经审核对于符合要求的,税务机关会及时发放税务登记证件。如果企业提交的证件和资料不齐全或者税务登记表的填写内容不符合规定,税务机关会当场通知补正或重新填报
核发税务登记证	税务机关对税务登记证件实行定期验证和换证。企业应当在规定的期限内持有关证件到主管税务机关办理验证或者换证手续。同时税务登记证件正本应在生产、经营场所或者办公场所公开悬挂,接受税务机关检查

图 2-3　企业设立税务登记的程序

2.1.4　设立税务登记用途

纳税人在办理图 2-4 所示的七大事项时,必须持税务登记证件。

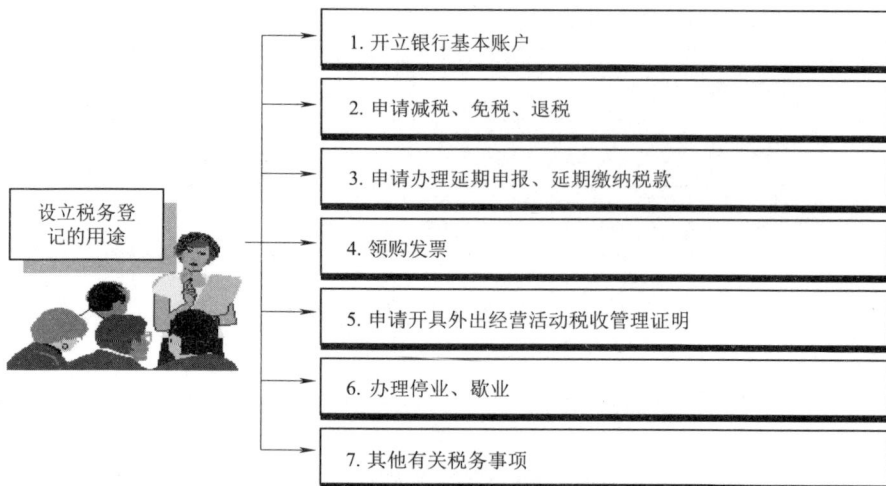

设立税务登记的用途

1. 开立银行基本账户

2. 申请减税、免税、退税

3. 申请办理延期申报、延期缴纳税款

4. 领购发票

5. 申请开具外出经营活动税收管理证明

6. 办理停业、歇业

7. 其他有关税务事项

图 2-4　设立税务登记的用途

2.1.5　变更税务登记事项

如果企业税务登记内容发生了变化,首先需要在工商行政管理机关办理变更登记,且需要在工商行政管理机关办理变更登记起 30 天内,持相关证件到税务机关申报并办理变更税务登记。

当企业发生图 2-5 所示的九种情况之一时,需要进行变更税务登记。

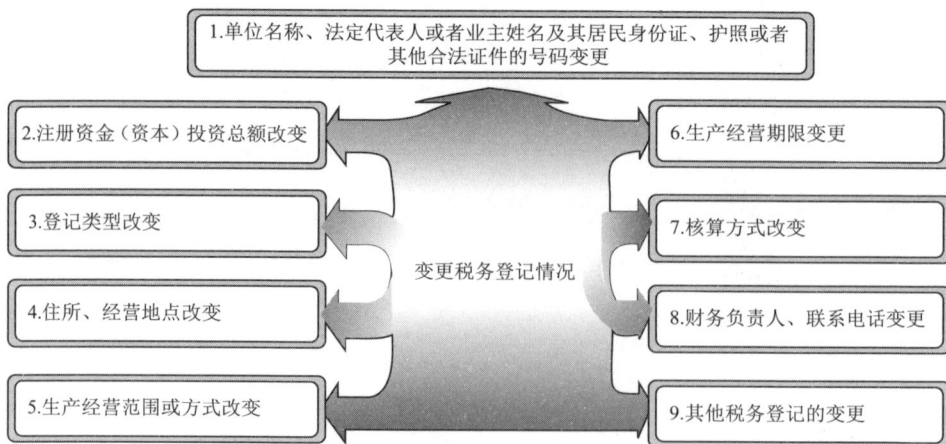

1. 单位名称、法定代表人或者业主姓名及其居民身份证、护照或者其他合法证件的号码变更

2. 注册资金(资本)投资总额改变

3. 登记类型改变

4. 住所、经营地点改变

5. 生产经营范围或方式改变

变更税务登记情况

6. 生产经营期限变更

7. 核算方式改变

8. 财务负责人、联系电话变更

9. 其他税务登记的变更

图 2-5　变更税务登记的情况

办理变更税务登记信息所需资料,如图2-6所示。

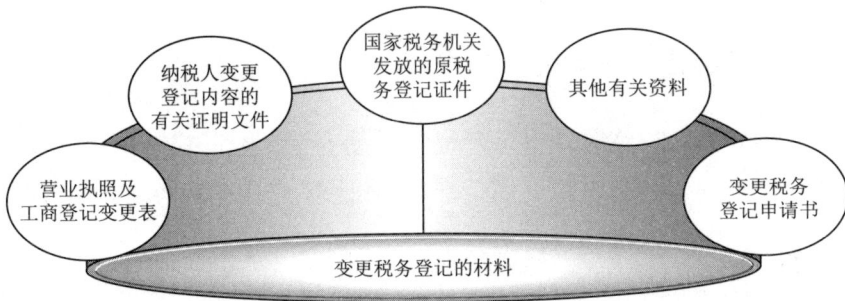

图 2-6 变更税务登记的材料

2.1.6 注销登记管理事项

企业发生解散、破产、撤销以及其他情形,依法终止纳税义务的,应当在向工商行政管理机关或者其他机关办理注销登记前,持有关证件向原税务机关申报办理注销税务登记;按照规定不需要在工商行政管理机关或者其他机关办理注册登记的,应当自有关机关批准或者宣告终止之日起 15 日内,持有关证件向原税务机关申报办理注销税务登记。

企业被工商行政管理机关吊销营业执照或者被其他机关予以撤销登记的,应当自营业执照被吊销或者被撤销登记之日起 15 日内,向原税务登记机关申报办理注销税务等。

企业在办理注销税务登记前,应当向税务机关结清应纳税款、滞纳金、罚款,撤销发票,税务登记证件和其他税务证件。

2.1.7 停业复业登记事项

实行定期定额征收方式缴纳税款的企业,在营业执照核准的经营期限内停业时,应向税务机关提出停业登记,说明停业的理由、时间、停业前的纳税情况和发票的领、应、存情况,并如实填写申请停业登记表。纳税人的停业期限不得超过一年。

税务机关经过审核,应当责成申请停业的企业结清税款并收回税务登记证件、发票领购证和发票,办理停业登记。

纳税人在停业期间发生纳税义务的,应当按照税收法律、行政法规的规定申报缴纳税款。

2.1.8　外出经营报验登记

企业到外县(市)临时从事生产经营活动的,应当在外出生产经营以前,持税务登记证向主管税务机关申请开具《外出经营活动税收管理证明》。该证明的有效期限一般为 30 日,最长不得超过 180 天。

企业在《外出经营活动税收管理证明》注明地进行生产经营前向当地税务机关报验登记,并提交以下资料。

① 税务登记证件副本。

②《外出经营活动税收管理证明》。

③ 企业在《外出经营活动税收管理证明》注明地销售货物的,除提交以上证件、资料外,应如实填写《外出经营货物报验单》,申报查验货物。

企业外出经营活动结束,应当向经营地税务机关填报《外出经营活动情况申报表》,并结清税款、缴销发票。企业应在《外出经营活动税收管理证明》有效期届满后 10 日内,持该证回原税务登记地税务机关办理该证的缴销手续。

2.1.9　证照管理

纳税人应当妥善保管税务登记证件。如纳税人、扣缴义务人遗失税务登记证件的,应当自遗失税务登记证件之日起 15 日内,书面报告主管税务机关,如实填写《税务登记证件遗失报告表》,并将纳税人的名称、税务登记证件名称、税务登记证件号码、税务登记证件有效期、发证机关名称在税务机关认可的报刊上做遗失声明,凭报刊上刊登的遗失声明到主管税务机关补办税务登记证件。

2.2　税种核定事项

2.2.1　准备核定税种资料

当企业所有证照办理完毕,应及时到相关银行开设基本账户,然后办理税种核定。

税种核定有两种方法,第一种方法是由企业财务人员携带相关资料到所属主管税务机关找专管员进行核定。

企业核定税种所需资料包括图 2-7 所示。

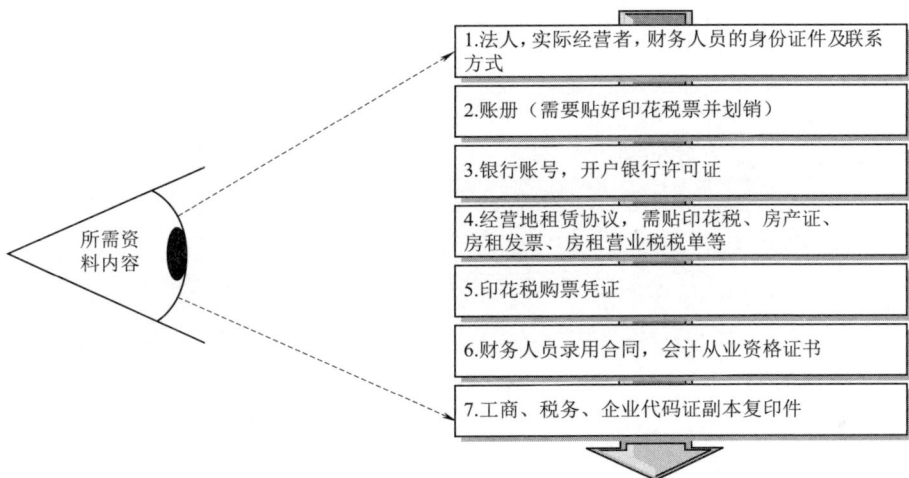

图 2-7 企业核定税种所需资料

由于各地税务局要求不同,具体资料请咨询当地税务机关为准。

第二种方法是网上核定。企业通过一证通登录国家税务总局网上电子税务局,查找相关办理事项,自行提交相关资料,经税务机关审核通过后,方可办理完成。

2.2.2 核定税种时限说明

企业在取得税务登记证之日起一个月内,需到税务机关专管员处申请税种核定,如半年之内仍未申请核定或已申请核定未购买发票的企业,税务部门有权将其列入非正常户,并以行政处罚。

2.2.3 主要核定税种说明

主要核定的税种包括增值税、企业所得税、城市建设税、教育附加税、地方教育附加税等。

2.3 领购发票事项

2.3.1 发票领购范围

发票领购的范围包括图 2-8 所示内容。

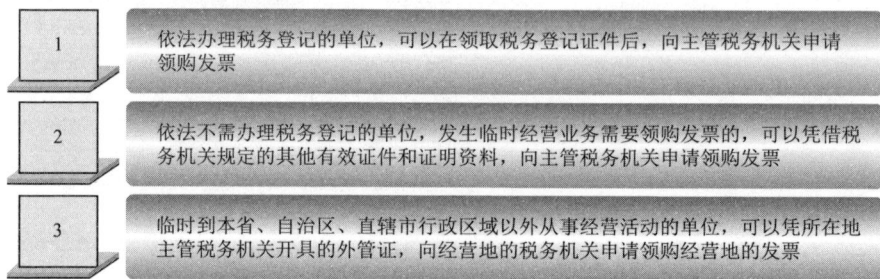

1	依法办理税务登记的单位,可以在领取税务登记证件后,向主管税务机关申请领购发票
2	依法不需办理税务登记的单位,发生临时经营业务需要领购发票的,可以凭借税务机关规定的其他有效证件和证明资料,向主管税务机关申请领购发票
3	临时到本省、自治区、直辖市行政区域以外从事经营活动的单位,可以凭所在地主管税务机关开具的外管证,向经营地的税务机关申请领购经营地的发票

图 2-8　发票领购范围

2.3.2 发票领购方式

对统一印刷发票的领购方式,主要有批量供应、交旧购新以及验旧换新三种,具体说明见表 2-1。

表 2-1　发票领购方式

领购方式	说明
批量供应	主管税务机关根据用票单位业务量对发票需求量的大小,确定一定时期内合理领购数量,用量大的可以按月提供,用量不太大的可以按季领购 这种发票领购方式适用于财务制度健全、有一定经营规模的纳税人
交旧购新	即用票单位先将旧的发票存根联交回,经主管税务机关审核留存后,才允许再购领新发票 这种发票领购方式适用于财务制度不太健全,经营规模不大的单位和个体工商户
验旧换新	即用票单位先将旧的发票存根联交至主管税务机关,待税务机关审验旧发票存根后,由用票单位自己保管,并允许再购领新发票 这种发票领购方式同交旧购新方式一样,适用于财务制度不太健全,经营规模不大的单位和个体工商业户,以便税务机关能及时检查并纠正其发票使用过程中出现的问题

2.3.3 发票领购程序

对于已经办理税务登记的企业,可按图2-9所示程序向主管国家税务机关申请领购发票。

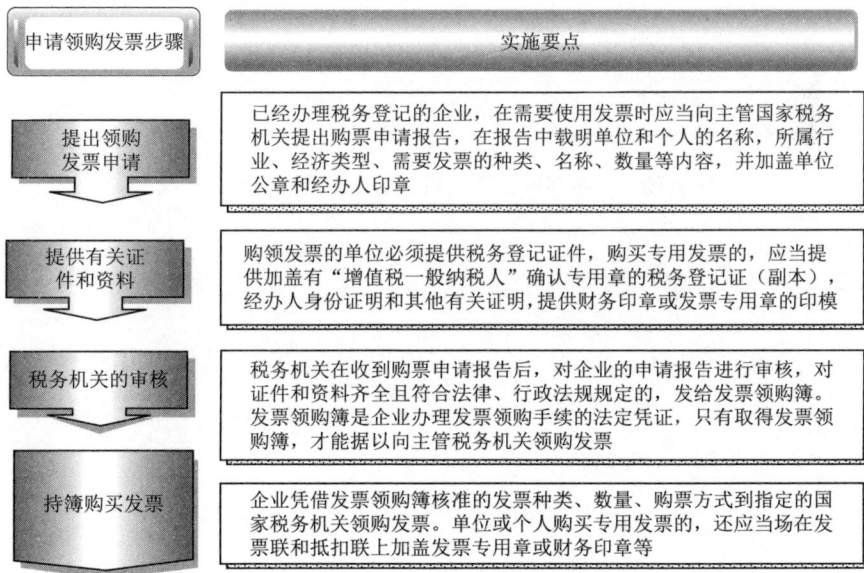

申请领购发票步骤	实施要点
提出领购发票申请	已经办理税务登记的企业,在需要使用发票时应当向主管国家税务机关提出购票申请报告,在报告中载明单位和个人的名称,所属行业、经济类型、需要发票的种类、名称、数量等内容,并加盖单位公章和经办人印章
提供有关证件和资料	购领发票的单位必须提供税务登记证件,购买专用发票的,应当提供加盖有"增值税一般纳税人"确认专用章的税务登记证(副本),经办人身份证明和其他有关证明,提供财务印章或发票专用章的印模
税务机关的审核	税务机关在收到购票申请报告后,对企业的申请报告进行审核,对证件和资料齐全且符合法律、行政法规规定的,发给发票领购簿。发票领购簿是企业办理发票领购手续的法定凭证,只有取得发票领购簿,才能据以向主管税务机关领购发票
持簿购买发票	企业凭借发票领购簿核准的发票种类、数量、购票方式到指定的国家税务机关领购发票。单位或个人购买专用发票的,还应当场在发票联和抵扣联上加盖发票专用章或财务印章等

图 2-9 申请领购发票程序

2.4 纳税申报事项

2.4.1 纳税申报对象

依据我国税收法律、行政法规的规定,当出现下列三种情况时,企业应办理纳税申报。

① 依法已向国家税务机关办理税务登记的企业,在图2-10所示五种情况下应当向主管税务机关办理纳税申报。

② 按规定不需向国家税务机关办理税务登记发生纳税事项的,以及应当办理而未办理税务登记的企业。

③ 按照税法的规定为扣缴义务人的企业,以及税务机关确定的委托代征人。

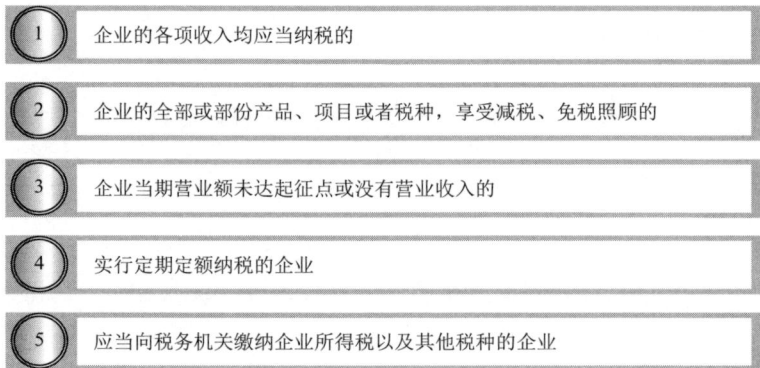

1	企业的各项收入均应当纳税的
2	企业的全部或部份产品、项目或者税种，享受减税、免税照顾的
3	企业当期营业额未达起征点或没有营业收入的
4	实行定期定额纳税的企业
5	应当向税务机关缴纳企业所得税以及其他税种的企业

图 2-10 已办理税务登记的企业应办理纳税申报情况

2.4.2 纳税申报内容

企业纳税申报内容,一般包括纳税申报表的内容、纳税申报提交的证件及资料等,具体说明如下。

1. 纳税申报表的内容

总体来说,纳税申报表主要包括图 2-11 所示的八项内容。

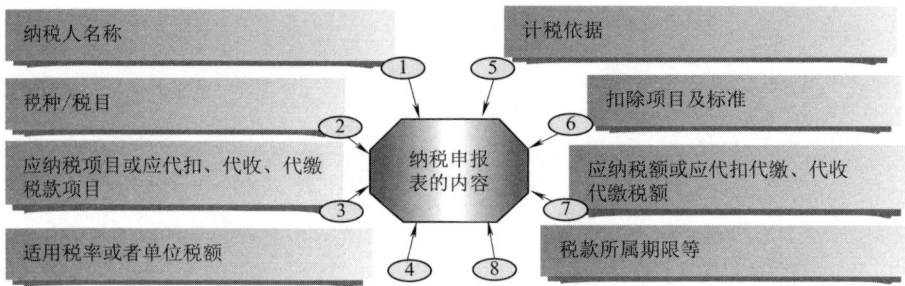

图 2-11 纳税申报表的内容

2. 纳税申报时应提交的证件及资料

企业在办理纳税申报时,应当根据不同的情况提交图 2-12 所示的有关证件和资料。

1　财务、会计报表及其说明材料

2　与纳税有关的合同、协议书、联营企业利润转移单

3　外出经营活动税收管理证明

4　境内或者境外公证机构出具的有关证明文件

5　增值税专用发票领、用、存月报表以及增值税进项税额和销项税额明细表

6　增值税纳税人先征税后返还申请表

7　税控装置的电子报税资料

8　代扣代缴、代收代缴税款的合法凭证

9　主管税务机关要求提供的其他证件和资料

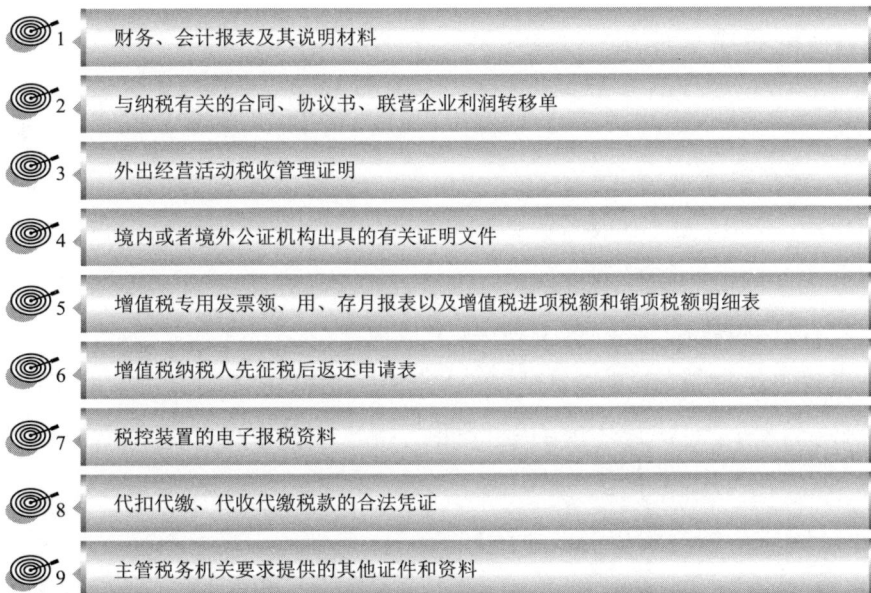

图 2-12　纳税申报时应提交的证件及资料

2.4.3　纳税申报方式

纳税申报方式指纳税人和扣缴义务人在发生纳税义务和代扣代缴、代收代缴义务后,在其申报期限内,依照税收法律、行政法规的规定到指定税务机关进行申报纳税的形式。主要有直接申报、邮寄申报、电子申报三种。具体说明见表2-2。

表 2-2　纳税申报方式说明表

申报方式	具体说明
直接申报	直接申报又称"上门申报",指纳税人、代扣(收)代缴人在纳税申报期限内到主管税务机关办理申报、代扣(收)代缴税款或委托代征税款报告 它是一种较常规的申报方式
邮寄申报	指纳税人、扣缴义务人经过主管税务机关的批准,在纳税申报期限内,使用统一规定的纳税申报特快专递专用信封,通过邮寄方式向主管税务机关报送纳税申报表、代扣(收)代缴税款报告以及其他的有关资料,从而履行纳税申报的方式 它是国际上通行的申报方式。该方法并非适用所有纳税人,在操作中应当符合一定的要求
电子申报	电子申报指纳税人、扣缴义务人在规定的申报期限内,通过与税务机关接受办理纳税申报、代扣代缴及代收代缴税款申报的电子系统联网的电脑终端,按照规定和系统发出的指示输入申报内容,以完成纳税申报或者代扣代缴及代收代缴税款申报的方式 它是一种现代最常见、最主要的纳税申报方式

2.4.4 纳税申报期限

纳税申报期限一般包括按期限申报、按期顺延和延期办理三种情况。

1. 按期限申报

按规定期限纳税申报一般包括按税收法律、行政法规规定的期限和主管税务机关确定的期限两种。

(1)按照税收法律、行政法规规定的期限

当税收法律、行政法规对纳税申报期限作出明确规定时,企业就必须遵守,严格按照法律、行政法规确定的期限,进行纳税申报,否则将承担不利的后果。例如企业所得税。

(2)按照主管税务机关确定的期限

当税收法律、行政法规,未明确规定纳税申报期限时,主管税务机关根据税收法律、行政法规确定的权限,并结合企业具体的生产经营情况及所应缴纳的税种等相关问题来确定纳税申报期限。例如增值税等。

表2-3为各主要税种纳税申报的期限说明,供读者参考。

表 2-3　各主要税种纳税申报期限表

主要税种	纳税申报期限
增值税	根据《增值税暂行条例》第 23 条的规定,企业以 1 个月为一期纳税的,自期满之日起 15 日内申报纳税;以 1 日、3 日、5 日、10 日或者 15 日为一期纳税的,自期满之日起 5 日内预缴税款,于次月 1 日起 15 日内申报纳税并结清上月应纳税款
消费税	根据《消费税暂行条例》第 14 条的规定,企业以 1 个月为一期纳税的,自期满之日起 15 日内申报纳税;企业以 1 日、3 日、5 日、10 日或者 15 日为一期纳税的,自期满之日起 5 日内预缴税款,于次月 1 日起 15 日内申报纳税并结清上月应纳税款
契税	根据《契税暂行条例》第 8 条和第 9 条的规定,企业应当在签订土地、房产权属转让合同之日起 10 日内,向土地、房屋所在地的契税征收机关办理纳税申报,并在契税征收机关核定的期限内缴纳税款
关税	根据《进出口关税条例》的相关规定,企业进口货物的应自运输工具申报进境之日起 14 日内,企业出口货物的除海关特准的外,应当在货物运抵海关监管区后、装货的 24 小时以前,向货物的进出境地海关申报。在进口货物到达前,企业经海关核准也可先行申报
房产税	《根据房产税暂行条例》第 7 条的规定,房产税采取按年征收、分期缴纳的征税方式。具体的纳税期限和申报方式由省、自治区、直辖市人民政府规定
印花税	汇缴的期限为 1 个月

主要税种	纳税申报期限
车船税	按照车船的使用年度为一个缴纳期限
资源税	根据《资源税暂行条例》第13条的规定,企业可以根据实际情况,经主管税务机关具体核定,以1日、3日、5日、10日、15日或者1个月,为纳税期限。若企业按固定期限计算纳税确有困难的,可以按次计算纳税 企业以1个月为一期纳税的,自期满之日起10日内申报纳税;以1日、3日、5日、10日或者15日为一期纳税的,自期满之日起5日内预缴税款,于次月1日起10日内申报纳税并结清上月税款
企业所得税	缴纳企业所得税的纳税人应当在月份或者季度终了后15日内,向其所在地主管国家税务机关办理预缴所得税申报;企业应当自年度终了之日起5个月内,向税务机关报送年度企业所得税纳税申报表,并汇算清缴,结清应缴应退税款
土地增值税	根据《土地增值税暂行条例》第10条的规定,企业应当自转让房地产合同签订之日起7日内向房地产所在地主管税务机关办理纳税申报,并在税务机关核定的期限内缴纳土地增值税
个人所得税	分为按月、按年、按次缴纳
城镇土地使用税	根据《城镇土地使用税暂行条例》第8条的规定,城镇土地使用税按年计算,分期缴纳。缴纳期限由省、自治区、直辖市人民政府确定
城市维护建设税	城市维护建设税是企业在缴纳增值税和消费税时,应当一并缴纳的税收,因此,城市维护建设税的申报期限同增值税和消费税的纳税申报期限是一致的

2. 按期顺延

按期顺延指当企业办理纳税申报时,如果在法定或主管税务机关所确定的纳税申报期限的最后一天,遇到公休日或节假日,可以相应地向后顺延。

3. 延期办理

企业在生产经营过程中,难免会因出现意料不到的特殊情况而无法按照确定的期限进行纳税申报。按照税收法律、行政法规的规定,当企业按照规定的期限办理纳税申报或者报送代扣代缴、代收代缴税款报告书确有困难需要延期申报时,可以在规定的申报期限内向主管税务机关提出书面延期申请,经税务机关核准,在核准的期限内申报。

注意事项

◆ 如企业在纳税申报期限内遇到不可抗力,不能按期办理纳税申报,可以延期办理。但是,应当在不可抗力情形消除后立即向主管税务机关报告,由主管税务机关根据查明的事实,予以核准。

2.4.5 纳税申报要求

各主要税种的纳税申报要求如下：

1. 增值税纳税申报要求

企业在申报增值税时必须提供以下资料及备查资料，具体如图 2-13 所示。

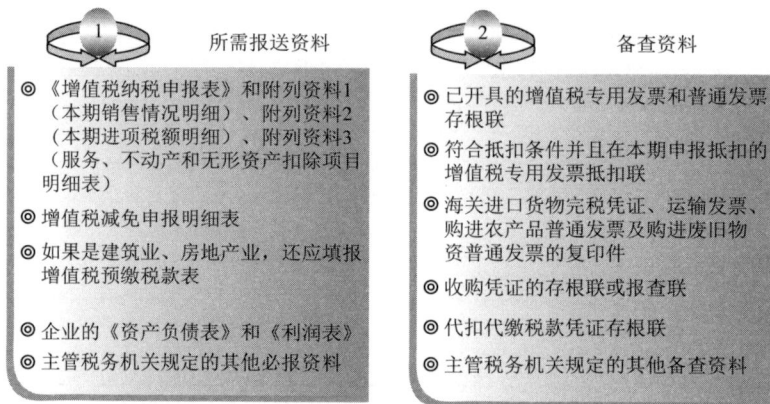

图 2-13　申报增值税所需资料及备查资料

2. 消费税纳税申报要求

企业在申报消费税前，应当核实应税消费品的生产、销售情况。通过销售收入、产成品、自制半成品等账户，核实应税消费品的销售数量、视同销售数量及应税销售额。然后再根据不同的应税消费品所对应的不同税率，如实计算和填报消费税纳税申报表，并办理签章手续。

3. 关税纳税申报要求

关税是由海关征收的，同时海关还代征进口货物的增值税和消费税。海关的征收要求与主管税务机关有所不同，企业应当按照海关的规定进行申报并提交图 2-14 所示的资料。

4. 房产税纳税申报要求

房产税的申报方式由各省、自治区、直辖市人民政府规定。因此，不同地方的规定可能不一致，各企业应按照所在省(市)规定执行。

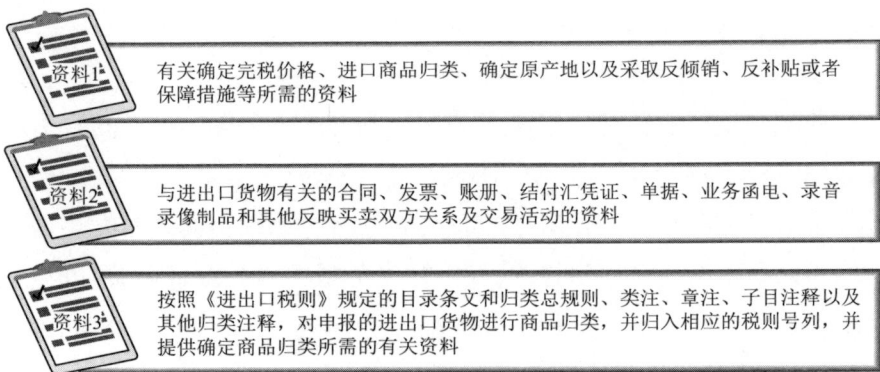

资料 1	有关确定完税价格、进口商品归类、确定原产地以及采取反倾销、反补贴或者保障措施等所需的资料
资料 2	与进出口货物有关的合同、发票、账册、结付汇凭证、单据、业务函电、录音录像制品和其他反映买卖双方关系及交易活动的资料
资料 3	按照《进出口税则》规定的目录条文和归类总规则、类注、章注、子目注释以及其他归类注释，对申报的进出口货物进行商品归类，并归入相应的税则号列，并提供确定商品归类所需的有关资料

图 2-14　关税纳税申报资料

5. 印花税纳税申报要求

根据印花税税额的大小，印花税的纳税办法有自行贴花、汇贴或汇缴以及委托代征三种方式。具体说明见表 2-4。

表 2-4　印花税纳税办法

纳税办法	说明
自行贴花	对于自行贴花的，企业只要按照法律、法规的规定，自行计算应纳税额、自行购买印花税票、自行贴花并执行注销印花税票即可
汇贴或汇缴	为了简化贴花手续，对于应纳税额较大或者贴花次数频繁的，企业可以向主管税务机关提出申请，采取以缴款书代替贴花或者按期总缴纳的办法缴纳税款 如果企业有某一同种类的应纳税凭证需要频繁贴花的，可根据实际情况，经主管税务机关批准，选择采用按期汇总缴纳印花税的办法申报缴纳印花税。一般汇缴期限为 1 个月
委托代征	企业直接向被委托机构缴纳税款。委托机构主要指发放权利、许可证照的单位和办理凭证的鉴证、公证及其他有关事项的单位

6. 资源税纳税申报要求

企业在申报资源税时，按照国家税务总局规定的《资源税税目税额幅度表》中规定的税目、税率并结合减税、免税政策计算应纳税额，并如实填写资源税纳税申报表。

7. 企业所得税纳税申报要求

缴纳企业所得税的纳税人应当在月份或者季度终了后 15 日内，向其所在地主管国家税务机关报送预缴企业所得税纳税申报表，预缴税款。自年度终了之日起 5 个月内，向税务机关报送年度企业所得税纳税申报表，进行汇算清缴,结清应缴应退税额。

8. 土地增值税纳税申报要求

企业到房地产所在地主管税务机关办理纳税申报时,应当向税务机关提交房屋或建筑物产权、土地使用权证书,土地转让、房地产买卖合同,房地产评估报告以及其他与转让房地产有关的资料。如果企业经常发生房地产转让而难以在每次转让后申报的,经主管税务机关审核批准后,可以由主管税务机关确定一定的期限进行纳税申报。

9. 城市维护建设税纳税申报要求

城市维护建设税的应纳税额是以增值税、消费税的应纳税所得额为税基乘以相应的税率,即 7% 或 5% 而得出。

2.5　税款征收事项

2.5.1　税款征收方式

根据我国《税收征收管理法》及其实施细则的规定,税款征收方式主要有表 2-5 所示的五种类型。

表 2-5　税款征收方式说明表

征收方式	具体说明
查账征收	查账征收是由企业依据账簿记载,先自行计算缴纳,事后经税务机关查账核实,如有不符时,可多退少补 这种征收方式主要适用于已建立会计账册,会计记录完整并能认真履行纳税义务的企业
查定征收	查定征收是由税务机关根据企业的从业人员、生产设备等在正常生产条件下的销售情况,对其生产的应税产品查定产量、销售额,然后依率征收的一种方式 这种方式一般适用于生产不固定、账册不健全的单位
查验征收	查验征收指税务机关对企业应税商品,通过查验数量,按市场一般销售单价计算其销售收入并据以征收的方式 这种方式主要适用于经营品种比较单一,经营地点、时间和商品来源不固定的企业
定期定额征收	定期定额征收是先由企业自报生产经营情况和应纳税款,再由税务机关对企业核定一定时期的税款征收率或征收额,实行增值税或营业税和所得税一并征收的一种征收方式 这种方式主要对一些营业额、所得额难以准确计算的小型企业适用
其他征收方式	主要包括委托代征税款、邮寄纳税、利用网络申报、用 IC 卡纳税方式

2.5.2 特殊征收措施

税款征收的特殊措施主要包括延期缴纳税款制度、税收滞纳金征收制度、减免税征收制度、税额核定制度、关联企业税收调节制度、税收保全措施、强制执行措施、税款的退还和追征制度等,具体说明见表2-6。

表 2-6 特殊的税款征收措施说明

序号	征收措施	具体说明
1	延期缴纳税款制度	企业因有特殊困难,不能按期缴纳税款的,经省、自治区、直辖市税务局批准,可以延期缴纳税款,但最长不得超过3个月
2	税收滞纳金征收制度	企业未按照规定期限缴纳税款的,扣缴义务人未按照规定期限解缴税款的,税务机关除责令限期缴纳外,从滞纳税款之日起,按日加收滞纳税款0.5‰的滞纳金
3	减免税征收制度	法律、行政法规规定或者经法定的审批机关批准减税、免税的企业,应当持有关文件到主管税务机关办理减税、免税手续 减税、免税期满,应当自期满次日起恢复纳税
4	税额核定制度	企业有下列情形之一的,税务机关有权核定其应纳税额 依照法律、行政法规的规定可以不设置账簿的 依照法律、行政法规的规定应当设置,但未设置账簿的 擅自销毁账簿的或者拒不提供纳税资料的 虽设置账簿,但账簿混乱或者成本资料、收入凭证、费用凭证残缺不全,难以查账的 发生纳税义务,未按照规定的期限办理纳税申报,经税务机关责令限期申报,逾期仍不申报的 企业申报的计税依据明显偏低,又无正当理由的
5	关联企业税收调节制度	企业或外国企业在中国境内设立的从事生产、经营的机构、场所与其关联企业之间的业务往来,应当按照独立企业之间的业务往来收取或者支付价款、费用;不按照独立企业之间的业务往来收取或者支付价款、费用,而减少其应纳税的收入或者所得额的,税务机关有权进行合理调整
6	税收保全措施	书面通知企业开户银行或者其他金融机构冻结企业的金额相当于应纳税款的存款 扣押、查封企业的价值相当于应纳税款的商品、货物或者其他财产
7	强制执行措施	书面通知其开户银行或者其他金融机构从其存款中扣缴税款 扣押、查封、依法拍卖或者变卖其价值相当于应纳税款的商品、货物或者其他财产,以拍卖或者变卖所得抵缴税款
8	税款的退还和追征制度	企业超过应纳税额缴纳的税款,税务机关发现后应当立即退还 企业自结算缴纳税款之日起3年内发现的,可以向税务机关要求退还多缴的税款并加算银行同期存款利息,税务机关及时查实后应当立即退还 涉及从国库中退库的,依照法律、行政法规有关国库管理的规定退还

2.6　纳税策划事项

2.6.1　依法纳税

纳税策划指企业在税法规定许可的范围内,通过对投资、经营、理财活动事先进行策划和安排,尽可能地取得节约税收成本的税收收益。可见,依法纳税是企业进行税务策划的重要前提,因此,企业应做到不偷税、防避税。

1. 不偷税

我国法律明确规定,企业通过伪造、变造、隐匿、擅自销毁账簿或记账凭证,或者在账簿上多列或不列、少列收入,或者经税务机关通知申报而拒不申报或者进行虚假的纳税申报,不缴或者少缴应纳税款,从而达到减少税负目的的行为是偷税。

对于偷税这一违法行为,法律规定了严格的责任,不仅要追究偷税人的行政法律责任,还要追究其刑事法律责任;对于企业的偷税行为还要追究主要负责人的刑事责任。

2. 防避税

避税指纳税人使用不违法的手段逃避或者减少纳税义务的行为。相对于偷税,税收策划与避税在某些方面存在一定的相似性。在实践中,税收策划与避税的界限往往容易混淆,使得在实务操作上很多纳税人为了策划实为避税,结果承担了更多的涉税风险。

因此,企业在涉税事务事前策划中,必须谨慎小心,策划安排必须专业、科学,不仅要不违法,而且应减少纳税策划风险。

2.6.2　增强意识

企业及其经营管理人员必须树立涉税风险防范意识,加深对企业涉税风险的了解,加大对涉税风险的防范。只有从意识上认识到涉税风险防范的重要性,才能在实际税务处理中处处小心,谨慎行事,将企业涉税风险实际产生的可能性降低。

2.6.3 税务自查

企业涉税活动复杂多变,税款的计算缴纳烦琐,因而企业及其税务专业人员在涉税活动时,必须谨慎小心,处理好每一个涉税环节,防止不必要的涉税风险的发生。

企业在完成每一个环节的税务活动后,不能有所松懈,仍需保持高度警惕。企业除了在税务机关通知稽查前进行税务自查外,还应设立定期税务自查机制,通过企业的自我税务检查,及时发现企业以往涉税活动中可能存在的漏洞,一旦发现问题,应及时处理,如有必要还须与税务机关联系,应努力将损失降到最低。

2.7 资料管理事项

2.7.1 收集纳税资料

由于企业涉税业务的不同,收集的涉税资料也有所区别,具体说明见表 2-7。

表 2-7 纳税资料内容表

办理事项	所需资料
税务登记	《税务登记表》、《税务登记证》及《税务登记证》(副本),变更、停业税务登记申请及其附件,代扣代缴申请及其代征代扣税款证书等
纳税申报	《初始申报及纳税核定表》、《初始申报及纳税核定变更表》、各税种各期纳税申报表、代扣代缴税款申报表等
解缴税款	各种税收缴款书及收入退还书等
减免税	纳税单位减免税申请及批复资料、纳税单位减免税申请报告资料等
办理发票	购领发票申请书等
财务核算	各种财务核算资料等
纳税检查	纳税自查资料、税务机关进行纳税检查有关资料、违章处理通知资料及对纳税单位和个人的纳税奖惩资料等
设置办税人员	办税人员的设置及变更办税人员的移交等有关资料

2.7.2　使用纳税资料

在使用纳税资料过程中,应注意图 2-15 所示的四点事项。

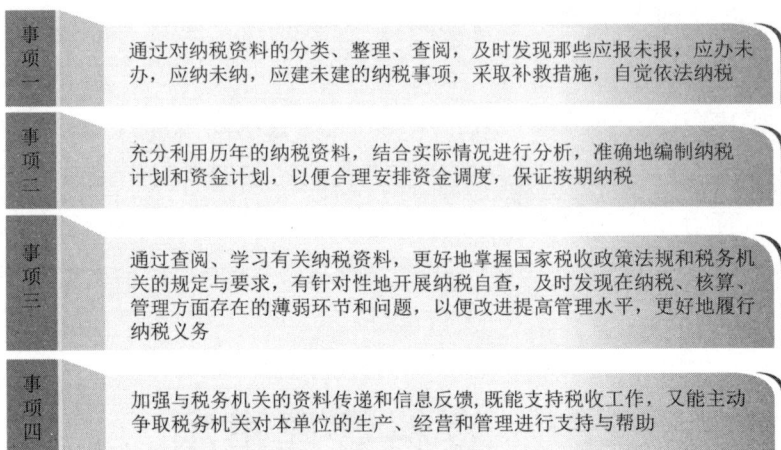

事项一	通过对纳税资料的分类、整理、查阅,及时发现那些应报未报,应办未办,应纳未纳,应建未建的纳税事项,采取补救措施,自觉依法纳税
事项二	充分利用历年的纳税资料,结合实际情况进行分析,准确地编制纳税计划和资金计划,以便合理安排资金调度,保证按期纳税
事项三	通过查阅、学习有关纳税资料,更好地掌握国家税收政策法规和税务机关的规定与要求,有针对性地开展纳税自查,及时发现在纳税、核算、管理方面存在的薄弱环节和问题,以便改进提高管理水平,更好地履行纳税义务
事项四	加强与税务机关的资料传递和信息反馈,既能支持税收工作,又能主动争取税务机关对本单位的生产、经营和管理进行支持与帮助

图 2-15　使用纳税资料的注意事项

2.7.3　保管纳税资料

企业应对纳税资料实行档案化管理,并与会计档案同等对待,相互结合,单独或合并管理。纳税资料在保管过程中,应注意五大事项,具体如图 2-16 所示。

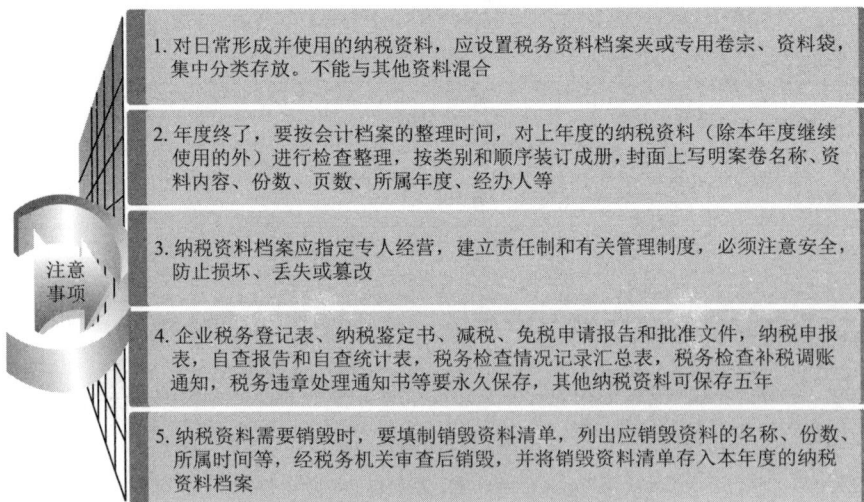

注意事项	1. 对日常形成并使用的纳税资料,应设置税务资料档案夹或专用卷宗、资料袋,集中分类存放。不能与其他资料混合
	2. 年度终了,要按会计档案的整理时间,对上年度的纳税资料(除本年度继续使用的外)进行检查整理,按类别和顺序装订成册,封面上写明案卷名称、资料内容、份数、页数、所属年度、经办人等
	3. 纳税资料档案应指定专人经营,建立责任制和有关管理制度,必须注意安全、防止损坏、丢失或篡改
	4. 企业税务登记表、纳税鉴定书、减税、免税申请报告和批准文件,纳税申报表,自查报告和自查统计表,税务检查情况记录汇总表,税务检查补税调账通知,税务违章处理通知书等永久保存,其他纳税资料可保存五年
	5. 纳税资料需要销毁时,要填制销毁资料清单,列出应销毁资料的名称、份数、所属时间等,经税务机关审查后销毁,并将销毁资料清单存入本年度的纳税资料档案

图 2-16　保管纳税资料的注意事项

第3章

示范——增值税纳税业务操作

3.1 缴纳增值税必会事项

增值税是以单位和个人生产经营过程中取得的增值额为课税对象征收的一种税。

增值税是对在中国境内销售货物或者提供加工、修理修配劳务,销售服务、销售无形资产、销售不动产以及进口货物的单位和个人,就其取得的货物或应税劳务的销售额,以及进口货物的金额计算税款,并实行税款抵扣制的一种流转税。

3.1.1 纳税义务人与征税范围

1. 纳税义务人

凡在中华人民共和国境内销售货物或者提供加工、修理修配劳务,销售服务、销售无形资产、销售不动产以及进口货物的单位和个人,为增值税的纳税义务人(以下简称纳税人)。纳税人的具体类型见表3-1。

表3-1 纳税人类型一览表

类型	具体说明
单位	单位包括国有企业、集体企业、私有企业、股份制企业、外商投资企业、外国企业及其他企业,和行政单位、事业单位、军事单位、社会团体及其他单位
个人	个人包括个体工商户及其他个人
承租人和承包人	企业租赁或承包给他人经营的,以承租人或承包人为纳税义务人

类型	具体说明
扣缴义务人	中国境外的单位和个人在中国境内销售应税劳务,而在境内未设有经营机构的,其应纳税款以代理人为扣缴义务人;没有代理人的,以购买者为扣缴义务人

纳税人按其经营规模的大小及会计核算健全与否两个标准为依据,划分为一般纳税人和小规模纳税人。两者的认定标准说明见表 3-2。

表 3-2 一般纳税人和小规模纳税人的认定标准

纳税人划分	具体说明
一般纳税人	一般规定:指年应税销售额超过财政部、国家税务总局规定的小规模纳税人标准的企业 特殊规定:年应税销售额未超过规定标准的纳税人,会计核算健全,能够提供准确税务资料的,可以向税务机关办理一般纳税人登记
小规模纳税人	指年销售额在规定标准以下,并且会计核算不健全,不能按照规定报送有关税务资料的增值税纳税人 一般规定:根据《财政部 税务总局关于统一增值税小规模纳税人标准的通知》(财税〔2018〕33号)规定,自 2018 年 5 月 1 日起,统一增值税小规模纳税人标准,即年应征增值税销售额 500 万以下,并且会计核算不健全,不能按照规定报送税务资料的增值税纳税人为小规模纳税人 特殊规定:年应税销售额超过小规模纳税人标准的其他个人按小规模纳税人纳税 年应税销售额超过规定标准,但不经常发生应税行为的单位和个体工商户,以及非企业性单位、不经常发生应税行为的企业,可选择按照小规模纳税人纳税

注意事项

◆ 新开业的符合一般纳税人条件的企业,应在办理税务登记的同时申请办理一般纳税人认定手续。税务机关对其预计年应税销售额超过小规模企业标准的,暂认定为一般纳税人;其开业后的实际年应税销售额未超过小规模纳税人标准的,应重新申请办理一般纳税人认定手续。符合条件的,可继续认定为一般纳税人;不符合条件的,取消一般纳税人资格。

纳税人办理一般纳税人登记程序如下:

①纳税人向主管税务机关填报《增值税一般纳税人登记表》,如实填写

固定生产经营场所等信息,并提供税务登记证件。

②纳税人填报内容与税务登记信息一致的,主管税务机关当场登记。

③纳税人填报内容与税务登记信息不一致的,或者不符合填列要求的,税务机关应当告知纳税人需补正的内容。

一般纳税人的办理方式如下:

①向其机构所在地的主管税务机关办理。

②通过电子税务局网上申请办理。

一般纳税人登记办理时间如下。

纳税人在应税销售超过规定标准的月份(或季度)的所属申报期结束后15日内按规定办理相关手续。未按规定时间办理的,主管税务机关应当在规定时限结束后5日内制作《税务事项通知书》,告知纳税人应当在5日内办理。逾期仍不办理的,次月起按销售额依照增值税税率计算应纳税额,不得抵扣进项税额,直至纳税人办理相关手续为止。

纳税人登记为一般纳税人后,不得转为小规模纳税人,国家税务总局另有规定的除外。

2. 征税范围

根据《增值税暂行条例》及其实施细则的规定,增值税的征税范围主要包括在中华人民共和国境内销售或者进口货物,以及提供加工、修理修配劳务,销售服务,转让无形资产,销售不动产。

增值税征税范围的一般说明见表3-3。

表3-3　增值税征税范围说明表

征税范围	说明
销售或者进口货物	货物指除土地使用权等无形资产,以及房屋和其他建筑物等不动产之外的有形动产,包括电力、热力、气体在内 进口货物指申报进入我国海关境内的货物。在进口环节缴纳增值税
提供加工、修理修配劳务	加工指受托加工货物,即由委托方提供原料及主要材料,受托方按照委托方的要求制造货物并收取加工费的业务 修理修配指受托方对损伤和丧失功能的货物进行修复,使其恢复原状和功能的业务

征税范围	说明
销售服务	交通运输服务指使用运输工具将货物或者旅客送达目的地,使其空间得到转移的业务活动,包括陆路运输服务、水路运输服务、航空运输服务和管道运输服务 邮政服务指邮政企业提供邮件寄递、邮政汇兑和机要通信等业务活动,包括邮政普通服务、邮政特殊服务和其他邮政服务 电信服务包括基础电信服务和增值电信服务。基础电信服务指利用固网、移动网、卫星、互联网,提供语音通话服务等。增值电信服务指利用固网、移动网等提供短信和彩信服务,电子数据等业务活动。卫星电视信号落地转接服务属于增值电信服务 建筑服务指各类建筑物、构筑物及其附属设施的建造、修缮、装饰,路线、管道、设施等的安装以及其他工程作业活动。包括工程服务、安装服务、修缮服务、装饰服务和其他建筑服务 金融服务指经营金融保险的业务活动。包括贷款服务、直接收费金融服务、保险服务和金融商品转让 现代服务指围绕制造业、文化产业、现代物流产业等,提供技术性、知识性服务的业务活动。包括研发和技术服务、信息技术服务、文化创意服务、物流辅助服务、租赁服务、鉴证咨询服务、广播影视服务、商务辅助服务和其他现代服务 研发和技术服务包括研发服务、合同能源管理服务、工程勘察勘探服务、专业技术服务 信息技术服务包括软件服务、电路设计及测试服务、信息系统服务、业务流程管理服务、信息系统增值服务 文化创意服务包括设计服务、知识产权服务、广告服务、会议展览服务 物流辅助服务包括航空服务、港口码头服务、货运客运场站服务、打捞救助服务、装卸搬运服务、仓储服务、派收服务 租赁服务包括融资租赁服务和经营性租赁服务 鉴证咨询服务包括认证服务、鉴证服务、咨询服务 广播影视服务包括广播影视节目(作品)的制作服务、发行服务、播映服务 商务辅助服务包括企业管理服务、经纪代理服务、人力资源服务、安全保护服务 其他现代服务包括上述服务以外的现代服务 生活服务指为满足城乡居民日常生活需求提供的各类服务活动。包括文化体育服务、教育医疗服务、旅游娱乐服务、餐饮住宿服务、居民日常服务和其他生活服务
销售无形资产	指有偿转让无形资产所有权或者使用权的业务活动。无形资产包括技术、商标、著作权、商誉、自然资源使用权和其他权益性无形资产
销售不动产	指有偿转让不动产所有权的业务活动。不动产包括建筑物、构筑物等

对视同销售货物行为的征收管理也有相应的规定。

视同销售指企业发生特定的提供商品或者劳务行为后,财务会计对此不一定作为销售业务核算,不一定确认收入,而税法却规定视同销售实现,要求计算销售额并计算应缴税费。增值税的视同销售行为包括以下几个方面。

①将货物交付其他单位或者个人代销。

②销售代销货物。

③设有两个以上机构并实行统一核算的纳税人,将货物从一个机构移送其他机构用于销售,但相关机构设在同一县(市)的除外。

④将自产或委托加工的货物用于非增值税应税项目。

⑤将自产、委托加工或购进的货物用于集体福利或个人消费。

⑥将自产、委托加工或购进的货物作为投资,提供给其他单位或个体经营者。

⑦将自产、委托加工或购进的货物分配给股东或者投资者。

⑧将自产、委托加工或购进的货物无偿赠送给其他单位或者个人。

⑨向其他单位或个人无偿提供服务、无偿转让无形资产或不动产,但用于公益事业或以社会公众为对象的除外。

图 3-1 所示的四项内容属于征税范围的特殊项目。

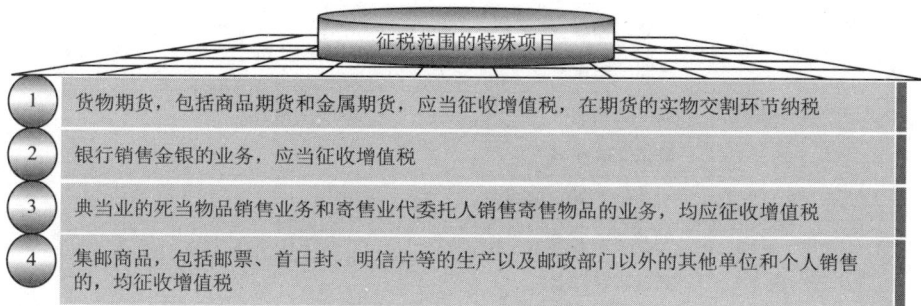

征税范围的特殊项目

1	货物期货,包括商品期货和金属期货,应当征收增值税,在期货的实物交割环节纳税
2	银行销售金银的业务,应当征收增值税
3	典当业的死当物品销售业务和寄售业代委托人销售寄售物品的业务,均应征收增值税
4	集邮商品,包括邮票、首日封、明信片等的生产以及邮政部门以外的其他单位和个人销售的,均征收增值税

图 3-1　征税范围的特殊项目

3.1.2　增值税的税率与征收率

增值税法将增值税纳税人区分为一般纳税人和小规模纳税人,并分别适用不同的计税方法和不同的税率,为了便于区分,对增值税一般纳税人适用的增值税税率称为税率,对增值税小规模纳税人适用的税率称为征收率。

1. 税率

现行增值税税率,具体说明见表 3-4。

表 3-4　现行增值税税率说明表

适用范围			税率
适用一般纳税人	销售或者进口货物	粮食、蔬菜、食用植物油等农产品(农产品是指种植业、养殖业、林业、牧业、水产业生产的各种植物、动物的初级产品) 自来水(不含农业灌溉用水、引水工程输送的水等)、暖气、冷气、热气、煤气、石油液化气、沼气、二甲醛、天然气、居民用煤炭制品 图书、报纸、杂志、影像制品、电子出版物 饲料、化肥、农药、农机(不包括农机零部件)、农膜 食用盐、二甲醚 国务院规定的其他货物	9%
		除以上销售或进口货物 有形动产租赁服务等 有形动产租赁包括有形动产经营性租赁和有形动产融资租赁	13%
	销售劳务	加工、修理修配劳务	13%
	销售无形资产	转让技术、商标、著作权、商誉、自然资源和其他权益性无形资产所有权或使用权	6%
		土地使用权	9%
	销售不动产	转让建筑物、构筑物等不动产产权	9%
	交通运输服务	陆路运输服务	9%
		水路运输服务	
		航空运输服务	
		管道运输服务	
		无运输工具承运业务	
	邮政服务	邮政普通服务	9%
		邮政特殊服务	
		其他邮政服务	
	电信服务	基础电信服务	9%
		增值电信服务	6%
	建筑服务	工程服务	9%
		安装服务	
		修缮服务	
		装饰服务	
		其他建筑服务	
	金融服务	贷款服务	6%
		直接收费金融服务	
		保险服务	
		金融商品转让	

适用范围			税率
适用一般纳税人	现代服务	研发和技术服务	6%
		信息技术服务	
		文化创意服务	
		物流辅助服务	
		鉴证咨询服务	
		广播影视服务	
		商务辅助服务	
		其他现代服务	
	租赁服务	有形动产	13%
		不动产	9%
	生活服务	文化体育服务	6%
		教育医疗服务	
		旅游娱乐服务	
		餐饮住宿服务	
		居民日常服务	
		其他生活服务	
	出口货物、服务、无形资产	出口货物（国务院另有规定的除外）	0
		跨境销售国务院规定范围内服务、无形资产	
		销售货物、劳务，提供跨境应税行为，符合免税条件	免税
		销售适用增值税零税率的服务或无形资产的，可以放弃适用增值税零税率，选择免税或按规定缴纳增值税。放弃适用增值税零税率后，36个月内不得再申请适用增值税零税率	
	购进农产品进项税额	购进农产品	扣除率9%
		购进用于生产或委托加工13%税率货物的农产品	扣除率10%
小规模纳税人及允许适用简易计税方式的一般纳税人	小规模纳税人	销售货物	3%
		加工、修理修配劳务	
		销售应税服务（除另有规定外）	
	一般纳税人发生按规定适用或者可以选择适用简易计税方法的特定应税行为（适用5%征收率除外）		
	销售不动产		5%
	符合条件的经营租赁不动产（土地使用权）		
	转让营改增前取得的土地使用权		

适用范围		税率
小规模纳税人及允许适用简易计税方式的一般纳税人	房地产开发企业销售、出租自行开发的房地产老项目	5%
	符合条件的不动产金融租赁	
	选择差额纳税的劳务派遣服务、安全保护服务	
	一般纳税人提供人力资源外包服务	
	建筑服务	3%
	试点前开工的高速公路车辆通行费	
	个体工商户和其他个人出租住房	5%,减按1.5%
	小规模纳税人　销售自己使用过的固定资产	3%,减按2%
	符合规定情形的一般纳税人　销售自己使用过的固定资产	
	销售旧货	
	2020年5月1日至2023年12月31日,销售二手车	减按0.5%

注意事项

纳税人提供适用不同税率或者征收率的货物、应税劳务和应税行为,应当分别核算适用不同税率或者征收率的销售额;未分别核算销售额的,从高适用税率或者征收率。

如有最新颁布的临时性、针对性税率优惠政策应按新政策执行。例如:自2022年1月1日至2022年12月31日,对纳税人提供公共交通运输服务取得的收入,免征增值税等。

2. 征收率

(1)3%的征收率

由于增值税小规模纳税人会计核算不健全,无法准确核算进项税额和销项税额,在增值税征收管理中,采用简便方法,实行按其销售额与规定的征收率计算应纳税额,不准抵扣进项税,也不允许自行开具增值税专用发票,税务机关有其他规定的除外。

小规模纳税人适用于简易方法计税,增值税征税率为3%(适用于5%的除外)。

小规模纳税人销售自己使用过的固定资产,减按2%征收增值税。但销售自己使用过的其他物品,应按3%征收增值税。

纳税人销售旧货,应按3%的征收率,减按2%征收增值税。

一般纳税人生产销售的特定货物和应税劳务,可选择简易计税3%的征收率,一经选择36个月内不得变更,具体范围由国家税务总局规定。

(2)5%的征收率

①一般纳税人销售不动产,选择适用简易计税方法,征收率为5%。

②房地产企业一般纳税人销售自行开发的房地产老项目,选择适用简易计税,征收率为5%。

③小规模纳税人销售不动产,适用5%征收率。

④一般纳税人出租其2016年4月30日前取得的不动产,选择按简易方法计税,征收率为5%。

⑤小规模纳税人出租不动产,征收率为5%。

⑥纳税人提供劳务派遣服务,选择差额纳税的,征收率为5%。

⑦纳税人提供安全保护服务,选择差额纳税的,征收率为5%。

⑧一般纳税人提供人力资源外包服务,选择简易计税方式计税的,征收率为5%。

⑨个人出租住房,按照5%的征收率,减按1.5%计算纳税。

(3)增值税的税收优惠

①增值税的起征点。

个人提供应税商品或应税服务的销售额未达到增值税起征点的,免征增值税;达到起征点的,全额计算缴纳增值税。增值税起征点的适用范围仅限于个人,不适用于登记为一般纳税人的个体工商户。

增值税起征点的幅度为:

按期纳税的,为月应税销售额5 000~20 000元(含本数)。

按次纳税的,为每次(日)销售额300~500元(含本数)。

起征点的调整由财政部和国家税务总局规定。省、自治区、直辖市财政厅(局)和税务局应当在规定的幅度内,根据实际情况确定本地区适用的起征点,并报财政部和国家税务总局备案。

②小规模纳税人的免税政策。

为贯彻落实党中央、国务院决策部署,进一步支持小微企业发展,财务部规定自2022年4月1日至2022年12月31日,对小规模纳税人适用3‰征收率的应税销售收入,免征增值税;对适用3‰预征率的预缴增值税项目,暂停预缴增值税。

小规模纳税人发生增值税应税销售行为,合计月销售额超过15万元,但扣除本期发生的销售不动产的销售额后未超过15万元的,其销售货物、劳务、服务、无形资产取得的销售额免征增值税。

适用差额征税的小规模纳税人,以差额后的销售额确定是否可以享受免征增值税政策。

③《中华人民共和国增值税暂行条例》规定的免税项目。

● 农业生产者销售的自产农产品。农业指种植业、养殖业、林业、牧业和水产业。农业生产者包括从事农业生产的单位和个人。农产品指初级农产品。

● 避孕药品和用具。

● 古旧图书。古旧图书指向社会收购的古书和旧书。

● 直接用于科学研究、科学试验和教学的进口仪器、设备。

● 外国政府、国际组织无偿援助的进口物资和设备。

● 由残疾人的组织直接进口供残疾人专用的物品。

● 销售自己使用过的物品。自己使用过的物品,指其他个人自己使用过的物品。

注意:增值税属于国家重要税种之一,其免税、减税项目均由国务院规定,任何地区及部门均不得规定减、免税项目。

根据"营改增"的相关文件,不征收增值税的项目。

● 根据国家指令无偿提供的铁路运输服务、航空运输服务,属于用于公益事业的服务。

● 存款利息。

● 被保险人获得的保险赔付。

● 房地产主管部门或者其指定机构、公积金管理中心、开发企业以及物业管理单位代收的住宅专项维修资金。

● 在资产重组过程中,通过合并、分立、出售、置换等方式,将全部或者部分实物资产以及与其相关联的债权、负债和劳动力,一并转让给其他单位和个人,其中涉及的不动产土地使用权转让行为。

3.1.3 增值税专用发票的管理

增值税专用发票是增值税一般纳税人用于销售货物或提供增值税应税劳务开具的一种发票,是购买方支付增值税额并可按照增值税有关规定抵扣增值税进项税额的凭证。

增值税专用发票由基本联次或者基本联加附加联构成。其中基本联分为三联:记账联、抵扣联和发票联。

● 记账联:作为销货方作为记账凭证。

● 抵扣联:作为购货方作抵扣进项税凭证。

● 发票联:作为购货方作记账凭证。

● 其他附加联次的用途,由一般纳税人自行确定。

专用发票实行最高开票限额管理。最高开票限额,指单份专用发票开具的销售额合计数不得达到的上限额度。一般纳税人申请最高开票限额时,需填报《最高开票限额申请表》。最高开票限额由一般纳税人申请,税务机关依法审批。最高开票限额为 10 万元及以下的,由区县级税务机关审批;最高开票限额为 100 万元的,由地市级税务机关审批;最高开票限额为 1 000万元及以上的,由省级税务机关审批。防伪税控系统的具体发行工作由区县级税务机关负责。

1. 领购发票

增值税一般纳税人可领购增值税专用发票。小规模纳税人部分行业也可领购增值税专用发票。

一般纳税人出现表 3-5 所示情形之一的,不得领购或使用增值税专用发票。

表 3-5　不得领购或使用增值税专用发票的情形

情形	具体说明
会计核算不健全	即不能按会计制度和税务机关的要求准确核算增值税的销项税额、进项税额和应纳税额者

情形	具体说明
不能向税务机关提供增值税相关资料者	即不能向税务机关准确提供增值税销项税额、进项税额、应纳税额数据及其他有关增值税税务资料者
经税务机关责令限期改正而仍未改者	私自印制专用发票 向个人或税务机关以外的单位买取专用发票 借用他人专用发票 向他人提供专用发票 未按规定开具专用发票 未按规定保管专用发票 未按规定申报专用发票的购、用、存情况 未按规定接受税务机关检查
销售的货物属于免税项目者	即对外销售的货物全部属于免税项目

2. 开具发票

（1）开具范围

一般纳税人销售货物、应税劳务,根据增值税细则规定应当征收增值税的项目,必须向购买方开具增值税专用发票。但出现图 3-2 所示的六种情形时,不得开具增值税专用发票。

1	向消费者个人销售应税项目
2	销售免税项目
3	销售报关出口的货物、在境外销售应税劳务
4	将货物用于非应税项目
5	将货物用于集体福利或个人消费
6	提供非应税劳务（应当征收增值税的除外），转让无形资产或销售不动产

图 3-2　不得开具增值税专用发票的情形

◆ 向小规模纳税人销售应税项目，可以不开具专用发票。

◆ 国家税务总局规定，自 1995 年 7 月 1 日起对商业零售的烟、酒、食品、服装、鞋帽(不包括劳保专用的部分)、化妆品等消费品不得开具专用发票；对生产经营机器、机车、汽车、轮船、锅炉等，大型机械、电子设备的工商企业，凡直接销售给单位使用的，应当开具普通发票，如购货方索取专用发票，销货方可开具专用发票。

(2)开具要求

增值税专用发票的开具要求包括以下 11 点。

① 字迹清楚。

② 不得涂改。如填写错误，应另行开具增值税专用发票，并在误填的增值税专用发票上注明"误填作废"四字。如增值税专用发票开具后，因购货方不索取而成为废票的，也应按填写有误办理。

③ 项目填写齐全。

④ 票、物相符，票面金额与实际收取的金额相符。

⑤ 各项目内容正确无误。

⑥ 全部联次一次填开，各联的内容和金额一致。

⑦ 发票联和抵扣联加盖财务专用章或发票专用章。

⑧ 按照规定的时限(纳税义务发生时)开具增值税专用发票。

⑨ 不得开具伪造的增值税专用发票。

⑩ 不得拆本使用增值税专用发票。

⑪不得开具票样与国家税务总局统一制定的票样不相符合的增值税专用发票。

开具的增值税专用发票有不符合上列要求的，不得作为扣税凭证，企业有权拒收。

(3)开具时限

增值税专用发票的开具时限根据结算方式的不同而有所区别，具体说明见表 3-6。

表 3-6　增值税专用发票的开具时限

结算方式	开具时限
采取预收货款、托收承付、委托银行收款结算方式的	发出货物并办妥托收手续的当天
采用收款提货结算方式的	收到货款的当天
采取赊销、分期收款结算方式的	合同约定的收款日期的当天
将货物交付他人代销的	为收到受托人送交的代销清单的当天
设有两个以上机构并实行统一核算的纳税人,将货物从一个机构移送其他机构用于销售,按规定应当征收增值税的	为货物移送的当天
将货物作为投资提供给其他单位或个体经营者	为货物移动的当天
将货物分配给股东	为货物移动的当天

注意事项

◆ 一般纳税人必须按规定时限开具增值税专用发票,不得提前或者置后。对已开具增值税专用发票的销售货物,要及时足额计入当期销售额计税。凡开具了增值税专用发票,其销售额未按规定计入销售账户核算的,一律按偷税论处。

3. 发票变更

增值税一般纳税人开具增值税专用发票后,发生销货退回、销售折让及开票有误等情况,纳税人自行在网上办理,按照规定开具红字专用发票后,不再将该笔业务的相应记账凭证复印件报送主管税务机关备案。

4. 增值税专用发票联次丢失

一般纳税人丢失已开具专用发票的发票联和抵扣联,如果丢失前已认证相符的,购买方可凭销售方提供的记账联复印件及销售方主管税务机关出具的《已报税证明单》,作为增值税进项税额的抵扣凭证;如果丢失前未认证的,购买方凭销售方提供的记账联复印件进行认证,认证相符的,可凭记账联复印件及销售方主管税务机关出具的《已报税证明单》作为增值税进项税额的抵扣凭证。专用发票记账联复印件和《已报税证明单》留存备查。

一般纳税人丢失已开具专用发票的发票联,可将专用发票抵扣联作为记账凭证,专用发票抵扣联复印件留存备查。

5. 电子发票

为进一步适应经济社会发展和税收现代化建设需要,税务总局在增值税发票系统升级版基础上,组织开发了增值税电子发票系统,满足纳税人开具增值税电子普通发票的需求,自2015年12月1日起执行。

增值税电子普通发票的开票方和受票方需要纸质发票的,可以自行打印增值税电子普通发票的纸质文件,其法律效力、基本用途、基本使用规范等与税务机关监制的增值税普通发票相同。

目前增值税电子普通发票主要涉及以下开票量较大的行业,如电商、电信、快递、餐饮、公用事业等行业。

3.2 一般纳税人增值税纳税处理

3.2.1 销项税纳税处理规范与示范

1. 销项税纳税处理规范

(1)销项税额的计算

销项税额指纳税人销售货物或应税劳务,按照当期销售额或应税劳务收入和一般纳税人适用的增值税税率计算并向购买方收取的增值税税额。其计算公式为:

$$销项税额＝销售额×适用税率$$

或

$$销售税额＝组成计税价格×适用税率$$

(2)销售额的计算

销售额的计算根据销售方式的不同而有所区别,具体说明见表3-7。

表3-7　销售额的计算方式说明表

销售方式		具体说明
一般销售方式		一般销售方式下,销售额包括增值税纳税人当期销售货物、应税劳务从购买方取得的全部价款和价外费用,但不包括收取的销项税额 价外费用指向购买方收取的手续费、补贴、基金、集资费、返还利润、奖励费、违约金(延期付款利息)、包装费、包装物租金、储备费、优质费、运输装卸费、代收款项、代垫款项以及其他各种性质的价外费用。但不包括以下项目: 1. 受托加工应征消费税的货物,而由受托方向委托方代收代缴的消费税 2. 符合规定代为收取的政府性基金或者行政事业性收费 3. 销售货物的同时代办保险等而向购买方收取的保险费以及代购买方缴纳的车辆购置税、车辆牌照费
特殊销售方式	折扣销售	折扣销售也称商业折扣(发生在销货之前),指销货方在销售货物或应税劳务时,因购货方购货数量较大等原因而给予购货方的价格优惠 现行税法规定:纳税人采取折扣方式销售货物,如销售额和折扣额在同一张发票上分别注明(同一张发票的金额栏注明),可按折扣后的销售额征收增值税。如在同一发票的备注栏注明折扣额,则折扣额不得从销售额中减除。如将折扣额另开发票,不论财务上如何处理,税务中不得从销售额里扣除
	销售折扣	销售折扣也称现金折扣(发生在销货之后),指销货方在销售货物或应税劳务后,为了鼓励购货方及早偿还货款而协议许诺给购货方的一种折扣优待 如现金折扣的符号为"2/10,1/20,N/30",分别表示10天内付款,货款折扣2%;11天至20天内付款,折扣1%;21天至30天内全价付款
	发生销售折让与销售退回	销售折让指货物销售后,由于其品种、质量不符合要求等原因购货方未予退货,但销货方需给予购货方的一种价格减让。销售退回指货物销售后,由于其品种、质量不符合要求等原因而发生的退货 由于销售折让或退回不仅涉及折让价款或货款的退回,还涉及增值税的退回,因此,销售方和购买方应相应调整档期的销售税额和进项税额
	采取以旧换新方式的销售	采取以旧换新方式销售货物的,应按新货物的同期销售价格确定销售额,不得冲减旧货物的收购价格 对金银首饰以旧换新业务,可以按照销售方实际收取的不含增值税的全部价款征收增值税
	采取还本方式销售	还本销售指纳税人在销售货物之后,到一定期限由销售方一次或分次退还给购货方部分或全部价款 纳税人采取还本方式销售货物,应按货物的销售价格确定销售额,不得从销售额中减除还本支出
	采取以物易物方式销售	以物易物指购销双方不以货币结算,而是以同等价款的货物相互结算,以实现货物购销的一种较为特殊的购销活动 以物易物方式销售,双方都应作购销处理。分别以各自出发的货物核算销售额并计算销项税额,以各自收到的货物按规定核算购货额并计算进项税额
	包装物押金进入销售额的销售	包装物随同产品销售时,不论是否单独计价,都按正常销售货物进行处理。如果包装物不作为销售,而是随销货物一起出租,出租包装物收取的押金不计算交纳增值税,但逾期(一年为限)未归还包装物而暂收的押金,要按规定计算缴纳增值税 对销售除啤酒、黄酒以外的其他酒类产品收取的包装物押金,无论是否返还,均应并入档期销售额征税
	混合销售行为的销售	混合销售行为主要指纳税人在销售商品或提供劳务时,附带提供运输服务,并取得运输收入。对于这类销售行为,税法要求附带收入与其主营业务收入一起,缴纳增值税

(3)含税销售额的换算规定

一般纳税人销售货物或者应税劳务取得的含税销售额在计算销售额时,必须将其换算为不含税销售额,其计算公式为:

$$不含税销售额＝\frac{含税销售额}{1＋增值税税率}$$

2. 销项税纳税处理示范

(1)一般销售方式的纳税处理示范

【示范 3-1】某钢铁公司向某机械公司出售一批钢材,出厂价格为1 000 万元人民币(不含税),增值税适用税率为 13％。

【解析】该公司应进行如下纳税处理。

该钢铁公司应当向机械公司收取的销项税额的计算公式为:

销项税额＝10 000 000×13％＝1 300 000(元)

(2)折扣销售的纳税处理示范

【示范 3-2】某企业赊销商品一批,货款金额总计 100 000 元(不含税),给买方的商业折扣为 10％,适用增值税税率为 13％,代垫运杂费 5 000 元(假设不作为计税依据)。

【解析】该企业应进行如下纳税处理。

根据增值税暂行条例及实施细则规定,商业折扣在交易成立及实际付款前予以扣除,因此,对应收账款和营业收入均不产生影响,会计记录只按商业定价扣除商业折扣后的净额处理。该企业应当向买方收取的销项税额的计算公式为:

销项税额＝100 000×(1－10％)×13％＝11 700(元)

(3)销售折扣的纳税处理示范

【示范 3-3】甲企业为增值税一般纳税人,适用增值税税率为 13％。2021 年 3 月 8 日,向乙企业销售一批商品,货款为 100 000 元(不含税),由于成批销售,甲企业给予乙企业 10％的商业折扣,另外,赠送价值 2 000 元(含税)的实物,折扣额和销售货款开在同一张发票上。为了及早收回货款,甲企业在合同中规定的现金折扣条件为"2/10,1/20,N/30",假定计算现金折扣时不考虑增值税。甲企业于 2021 年 3 月 16 日收到乙公司货款。

【解析】该企业应进行如下纳税处理。

① 2021年3月8日发出商品时：

由于销售货款和折扣额开在同一张发票上，折扣额允许扣除，可按扣除折扣额后的净额计算增值税。但实物折扣不能从货物销售额中扣除，且该实物折扣应当按"视同销售行为"中"无偿赠送他人"计算征收增值税。

$$销售额＝100\ 000×(1－10\%)+\frac{2\ 000}{1+13\%}＝91\ 769.91(元)$$

$$销项税额＝91\ 769.91×13\%＝11\ 930.09(元)$$

② 2021年3月16日收到货款时：

由于乙企业在10天内付款，可享受2%的现金折扣，折扣额为1 800元[100 000×(1－10%)×2%]，该折扣只能作为财务费用，不能扣减销售额。

(4)采取以旧换新方式销售的纳税处理示范

【示范3-4】某商场对某品牌彩电采取以旧换新的方式销售，旧货折价每台800元，新彩电售价5 000元(含税)，当月采用此方法销售彩电200台。

【解析】该企业应进行如下纳税处理。

根据《增值税暂行条例》及实施细则规定，采取以旧换新方式销售货物的，应按新货物的同期销售价格确定销售额，不得冲减旧货物的收购价格。

该企业销项税额的计算公式为：

$$销项税额＝\frac{销售额}{1+税率}×税率$$

$$＝\frac{5\ 000×200}{1+13\%}×13\%$$

$$＝115\ 044.25(元)$$

(5)包装物押金进入销售额的纳税处理示范

【示范3-5】甲企业为增值税一般纳税人，适用增值税税率为13%。2021年3月8日，该企业从仓库中发出新包装物一批(随同出售的产品)，出租给供货单位，包装物成本为6 000元，收到租金700元(不含税)，收到包装物押金2 000元。出借的包装物未在合同规定期限内归还。

【解析】该企业应进行如下纳税处理。

根据《增值税暂行条例》及实施细则规定，包装物随同产品销售时，不论是否单独计价，都按正常销售货物进行处理。如果包装物不作为销售，而是随销售货物一起出租，出借包装物收取的押金不计算缴纳增值税，但逾期未归还包装物而暂收的押金,要按规定计算缴纳增值税。另外,包装物租金在销货时作为价外费用并入销售额计算销项税额。

该企业应当收取的销项税额的计算公式为:

销项税额=(销售额+租金+押金)×税率

$$=(6\,000+700+2\,000)\times13\%$$

$$=1\,131(元)$$

(6)混合销售行为的纳税处理示范

【示范3-6】某电视机厂向外地某商场批发100台电视机,为了保证及时供货,双方议定由该厂负责运输,每台电视机不含税售价为3 000元,同时收取运费共计10 000元。

【解析】该企业应进行如下纳税处理。

根据《增值税暂行条例》及实施细则规定,混合销售行为要求附带收入与其主营业务收入一起缴纳增值税。由于该电视机厂销售电视机又负责运输,该行为属于混合销售行为,因此,应并入销售额中一并征收增值税。

$$销项税额=售价\times增值税率+\frac{运费}{1+13\%}\times13\%$$

$$=300\,000\times13\%+\frac{10\,000}{1+13\%}\times13\%$$

$$=40\,150.44(元)$$

(7)采取以物易物方式销售的纳税处理示范

【示范3-7】A企业是电脑生产企业,B企业是电脑主板生产厂,A、B企业均为增值税一般纳税人。2014年1月5日,A企业采用以物易物方式向B企业提供200台电脑,B企业向A企业提供电脑主板4 000个。双方均收到货物,并商定不再进行货币结算,双方均未开具增值税专用发票。A企业生产电脑的市场价格为2 000元(含税),主板每个的市场价格为100元(含税)。

【解析】A企业应进行如下纳税处理。

对以物易物方式销售货物,双方都应赊销处理。零售货物,其价格为含税价格,应首先转换为不含税价格。

销售额(电脑)=2 000×200÷(1+13%)=353 982.3(元)

销项税额=353 982.3×13%=46 017.7(元)

因为没有取得增值税专用发票而不得抵扣进项税额,准予抵扣的进项税额为零。

应纳税额=销项税额-进项税额=46 017.7-0=46 017.7(元)

B企业应进行如下纳税处理。

销售额(主板)=100×4 000÷(1+13%)=353 982.3(元)

销项税额=353 982.3×13%=46 017.7(元)

因为没有取得增值税专用发票而不得抵扣进项税额,准予抵扣的进项税额为零。

应纳税额=销项税额-进项税额=46 017.7-0=46 017.7(元)

3. 视同销售行为销售额的确定

视同销售行为是增值税税法规定的特殊销售行为。如纳税人发生应税行为的价格明显偏低或偏高且无正当理由,或者发生视同销售货物行为而无销售额的情况,主管税务机关有权按照下列顺序核算其销售额。

①按纳税人最近时期同类货物的平均销售价格确定。

②按其他纳税人最近时期同类货物的平均销售价格确定。

③用以上两种方法均不能确定其销售额的情况下,可按组成计税价格确定销售额。

组成计税价格公式为:

组成计税价格=成本×(1+成本利润率)

属于应征消费税的货物,其组成计税价格应加计消费税税额。计算公式为:

组成计税价格=成本×(1+成本利润率)+消费税税额

或

组成计税价格=成本×(1+成本利润率)÷(1-消费税税率)

3.2.2 进项税纳税处理规范与示范

1. 进项税纳税处理规范

进项税额指纳税人购进货物或应税劳务所支付或者承担的增值税税额。一般说来,进项税额包括准予从销项税额中抵扣的进项税和不得从销项税额中抵扣的进项税两种。

(1)准予从销项税额中抵扣的进项税额

准予从销项税额中抵扣的进项税额包括两种情形,一种是凭增值税扣税凭证抵扣的情形;另一种是不属于凭增值税扣税凭证抵扣的情形。具体说明见表3-8。

表 3-8　准予从销项税额中抵扣的进项税额说明表

进项税抵扣情形		具体说明
准予从销项税额中抵扣的进项税	凭增值税扣税凭证抵扣情形	从销售方取得的增值税专用发票上注明的增值税税额
		从海关取得的海关进口增值税专用缴款书上注明的增值税税额
		取得小规模纳税人委托税务机关代开的增值税专用发票,按增值税专用发票注明的税额抵扣进项税额
	不属于凭增值税扣税凭证抵扣情形	从境外单位或者个人购进服务、无形资产或者不动产,自税务机关或者扣缴义务人取得的解缴税款的完税凭证上注明的增值税额。凭完税凭证抵扣进项税额时,应当具备书面合同、付款证明和境外单位的对账单或者发票。资料不全的,其进项税额不得抵扣
		购进免税农产品进项税额确定和抵扣
		运输费用进项税额的确定和抵扣
		—

购进免税农产品进项税额确定和抵扣:

购进农产品,未取得专用发票或海关专用缴款书,允许抵扣的进项税额为:
　　进项税额＝普通发票金额×9%或 10%
注意:销售货物税率为 9%时,进项税额抵扣 9%
销售货物税率为 13%时,进项税额抵扣 10%
从批发零售环节购进的免税的蔬菜、部分鲜活肉蛋,取得的普通发票不得计算进项税额

运输费用进项税额的确定和抵扣:

自 2019 年 4 月 1 日起,购进国内旅客运输服务,未取得专用发票的,允许从销项税额中抵扣:
取得增值税普通发票的,为发票上的税额
取得注明旅客身份信息的航空运输电子客票行程单的:
　　进项税额＝(票价＋燃油费)÷(1+9%)×9%
取得注明旅客身份信息的铁路车票的:
　　进项税额＝票面金额÷(1+9%)×9%
取得注明旅客身份信息的公路、水路等其他客票的:
　　进项税额＝票面金额÷(1+3%)×3%

—:

自 2019 年 4 月 1 日至 2021 年 12 月 31 日,对生产、生活性服务业即邮政服务、电信服务、现代服务、生活服务取得的销售额占全部销售额的比例超过 50%的纳税人,按照当期可抵扣进项税额加计 10%,抵减应纳税额
当期计提加计抵减额＝当期可抵扣进项税额×10%

(2)不得从销项税额中抵扣的进项税额

不得从销项税额中抵扣的进项税额包括图 3-3 所示的七项。

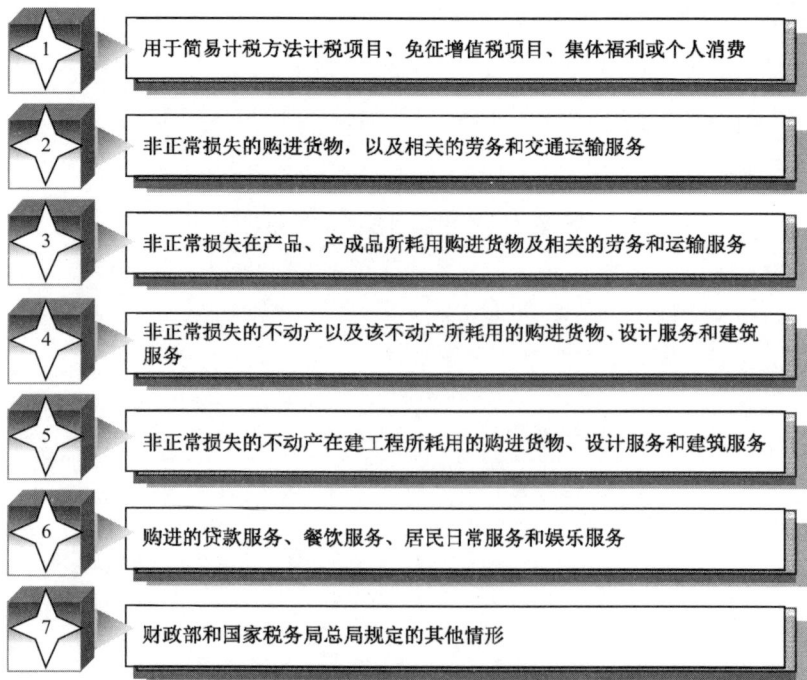

图 3-3　不得从销项税额中抵扣的进项税额

备注:非正常损失指因管理不善造成被盗、丢失、霉烂变质的损失,以及因违反法律法规造成货物或者不动产被依法没收、销毁、拆除的情形。

纳税人新建、改建、扩建、修缮、装饰不动产,均属于不动产的在建工程。

2. 进项税纳税处理示范

(1)农产品准予抵扣的进项税额处理示范

【示范 3-8】甲公司为增值税一般纳税人,2021 年 4 月 5 日,甲公司向某棉花种植基地收购棉花,支付价款 20 000 元。计算准予抵扣的进项税额。

一般纳税人向农业生产者购买的免税棉花,准予按照收购凭证所列金额 10% 的扣除率计算进项税额,从当期销项税额中抵扣。

准予抵扣的进项税额＝20 000×10%＝2 000(元)

(2)销货方支付运输费用进项税额处理示范

【示范 3-9】甲企业为增值税一般纳税人,销售一批货物,货款为 400 000 元,增值税税率为 13%,款项尚未收到。货物由其他承运者负责运输,甲企业用银行存款支付运输费用 2 000 元,取得专用发票,税率为 9%。计算甲企业的进项税额。

【解析】该企业应进行如下纳税处理。

进项税额＝运费×扣除率

$$＝2\ 000×9\%＝180(元)$$

(3)购货方支付运输费用进项税额处理示范

【示范 3-10】甲企业为增值税一般纳税人,外购一批材料,价款为 250 000元(不含税),增值税率为 13%,货款尚未收到。甲企业用银行存款支付运费 2 000 元,取得增值税专用发票,税率为 9%,装卸费等其他杂费 1 500元。计算甲企业的进项税额。

【解析】该企业应进行如下纳税处理。

根据《增值税暂行条例》及实施细则规定,甲企业因外购材料所支付的运费可计算抵扣进项税额,支付的装卸费等其他杂费不准抵扣进项税额。

进项税额＝外购不含税货款×增值税税率＋运费×扣除率

$$＝250\ 000×13\%＋2\ 000×9\%$$

$$＝32\ 500＋180$$

$$＝32\ 680(元)$$

3. 进口货物增值税的计算

对进口货物征税是国际惯例。根据《增值税暂行条例》的规定,中华人民共和国境内进口货物的单位和个人均应按规定缴纳增值税。

征税范围:根据《增值税暂行条例》的规定,申报进入中华人民共和国海关境内的货物,均应缴纳增值税。

纳税人:进口货物增值税的纳税义务人为进口货物的收货人或办理报关手续的单位和个人。委托代理进口的货物,以海关开具的完税凭证上的纳税人为增值税的纳税人。

税率:2019 年 4 月 1 日起,税率为 13% 和 9%。

纳税人进口货物,应按照组成计税价格计算在进口环节应纳增值税。进口环节应纳增值税的计算公式如下:

应纳税额＝组成计税价格×税率

组成计税价格＝关税完税价格＋关税＋消费税

一般贸易下进口货物的关税完税价格以海关审定的成交价格为基础的到岸价格作为完税价格。到岸价格包括货价、货物运抵我国境内装卸前的包装费、运费、保险费和其他劳务费等费用。

【示范3-11】某公司2021年1月15日进口一批服装,到岸价为5 000美元,假设汇率为1∶5,关税税率为10%,计算进口环节应纳增值税。

【解析】因服装不属于消费税征税范围,应进行如下纳税处理。

组成计税价格＝关税完税价格＋关税

$$＝5\ 000×5＋5\ 000×5×10\%$$

$$＝27\ 500(元)$$

应纳税额＝组成计税价格×税率

$$＝27\ 500×13\%$$

$$＝3\ 575(元)$$

3.2.3　应纳增值税处理规范与示范

增值税纳税处理规范

(1)应纳增值税额的计算

在计算出销项税额和进项税额后,就可以得出实际应纳税额。其计算公式为:

应纳税额＝当期销项税额－当期进项税额

当期指税务机关依照规定对纳税人确定的纳税期限。

(2)计算应纳税额时进项税额不足抵扣的处理

由于增值税法实行购进扣税法,即对购进货物或应税劳务在符合进项税额的抵扣条件时,一次全额抵扣进项税额。有时企业当期购进的货物多而销售的货物少,在计算应纳税额时,可能或出现当期销项税额小于当期进项税额,即进项税额不足抵扣的情况。根据税法规定,当期进项税额不足抵扣的部分可以结转下期继续抵扣。

(3)扣减发生期进项税额的规定

由于增值税实行以当期销项税额抵扣当期进项税额的"购进扣税法",当期购进的货物或应税劳务如果事先并未确定将用于非生产经营项目,其进项税额会在当期销项税额中予以抵扣。但已抵扣进项税额的购进货物或应税劳务,如果事后改变其原有用途,发生前述用于非应税项目、用于免税项目、用于集体福利或个人消费,购进货物发生非正常损失、在产品或产成品发生非正常损失的情况下,应将该项购进货物或应税劳务的进项税额从当期发生的进项税额中扣除,无法准确确定该项进项税额的,按当期实际成本计算应扣减的进项税额。其计算公式为:

实际成本＝进价＋运费＋保险费＋其他有关费用

应扣减的进项税额＝当期购进购物或应税劳务的实际成本×征税时该货物或应税劳务适用的税率

【示范3-12】甲企业为增值税一般纳税人,适用增值税税率为13%,2021年4月份发生有关生产经营业务如下。

(1)销售A产品,开具增值税专用发票,取得不含税销售额1 000 000元;另外,开具普通发票,取得销售A产品的送货运输费收入60 000元。

(2)销售B产品,开具普通发票,取得含税销售额300 000元。

(3)将试制的一批应税新产品用于本企业基建工程,成本价为300 000元,成本利润率为11%,该新产品无同类产品市场销售价格。

(4)购进货物取得增值税专用发票,注明支付的货款500 000元、进项税额85 000元;另外支付购货的运输费用50 000元,取得运输公司开具的普通发票。

(5)向农业生产者购进免税农产品一批,支付收购价400 000元,支付给运输单位的运费60 000元,取得增值税专用发票,税率为9%。本月下旬将购进的农产品的30%用于企业职工福利。

【解析】该企业应进行如下纳税处理。

①销售A产品的销项税额＝1 000 000×13%＋60 000÷(1＋13%)×13%＝136 902.65(元)

②销售B产品的销项税额＝300 000÷(1＋13%)×13%＝34 513.27(元)

③自用新产品的销项税额＝300 000÷(1＋11%)×13%＝35 135.14(元)

④外购货物应抵扣的进项税额为85 000元,因运输费为普通发票,故无法抵扣。

⑤外购免税农产品应抵扣的进项税额＝(400 000×9%＋60 000×9%)×(1－30%)＝28 980(元)

⑥该企业 1 月份应缴纳增值税税额＝136 902.65＋34 513.27＋35 135.14－85 000－28 980＝92 571.06(元)

【示范 3-13】甲公司为增值税一般纳税人,位于广州,专门从事服装生产和销售。2020 年 10 月发生如下事项。

(1)将自产的服装移送到深圳的分支机构用于销售,含税售价为 232 万元。该公司实行统一核算。

(2)将自产的一部分服装作为集体福利发给公司职工,该批服装市场售价 3.48 万元(含税)。

(3)将自产的一部分服装赠送给边远山区,该批服装市场售价 23.2 万元(含税)。

上述事项是否需要缴纳增值税,如需缴纳,说明理由并计算销售税额。

【解析】

①甲公司需要缴纳增值税。设有两个以上机构并实行统一核算的纳税人,将货物从一个机构移送其他机构用于销售属于视同销售,但相关机构设在同一县(市)的除外。本题是从广州移送到深圳,属于视同销售,应缴纳增值税。

甲公司该事项销项税额＝$232 \div (1+13\%) \times 13\% = 26.69$(万元)

②甲公司需要缴纳增值税。将自产、委托加工的货物用于集体福利属于视同销售,应缴纳增值税。

甲公司该事项销项税额＝$3.48 \div (1+13\%) \times 13\% = 0.4$(万元)

③甲公司需要缴纳增值税。将自产、委托加工或者购进的货物无偿赠送其他单位或个人属于视同销售,应缴纳增值税。

甲公司该事项销项税额＝$23.2 \div (1+13\%) \times 13\% = 2.67$(万元)

3.3 小规模纳税人业务纳税处理

3.3.1 小规模纳税人纳税处理规范

(1)应纳税额的计算规范

小规模纳税人销售货物或者提供应税劳务,按照销售额和小规模纳税

人适用的征收率,实行简单办法计算应纳税额,不得抵扣进项税额,其计算公式为:

$$应纳税额＝销售额×征收率$$

注意:小规模纳税人的销售额为不含增值税的价款和价外费用。

小规模纳税人销售自己使用过的固定资产和旧货,按下列公式确定销售额和应纳税额:

$$销售额＝含税销售额÷(1＋3\%)$$

$$应纳税额＝销售额×2\%$$

小规模纳税人销售自己使用过的除固定资产及旧货以外的物品,按下列公式确定销售额和应纳税额:

$$销售额＝含税销售额÷(1＋3\%)$$

$$应纳税额＝销售额×3\%$$

在此,固定资产指纳税人根据财务会计制度已经计提折旧的固定资产;旧货指进入二次流通的具有部分使用价值的货物(含旧汽车、旧摩托车和旧游艇),但不包括自己使用过的物品。

纳税人适用简易计税方法计税的,因销售折让、中止或者退回而退还给购买方的销售额,应当从当期销售额中扣减。扣减当期销售额后仍有余额造成多缴的税款,可以从以后的应纳税额中扣减。

一般纳税人发生财务部和国家税务总局规定的特殊应税行为,可以选择适用简易计税方法计税,但一经选择,36个月内不得变更。

(2)含税销售额的换算规范

由于小规模纳税人在销售货物或应税劳务时,只能开具普通发票,取得的销售收入均为含税销售额,因此,小规模纳税人在计算应纳税额时,必须将含税销售额换算为不含税的销售额后才能计算应纳税额。小规模纳税人不含税销售额的换算公式为:

$$不含税销售额＝\frac{含税销售额}{1＋征收率}$$

一般行业的小规模纳税人适用于3%的征收率,从事房地产开发和房地产租赁行业的小规模纳税人适用于5%的征收率。

3.3.2 小规模纳税人纳税处理示范

【示范3-14】甲企业为增值税小规模纳税人，于2021年6月，取得零售收入总额120 000元。

【解析】该企业应进行如下纳税处理。

根据《增值税暂行条例》及实施细则规定，小规模纳税人销售货物或者应税劳务，按照销售额和3%的征收率计算应纳税额，不得抵扣进行税额。

①该企业2021年6月份取得的不含税销售额$=\dfrac{含税销售额}{1+征收率}=\dfrac{120\ 000}{1+3\%}=$116 504.85（元）

②6月份应缴纳的增值税税额$=116\ 504.85\times3\%=3\ 495.15$（元）

【示范3-15】某企业为小规模纳税人，从事房屋租赁行业，2021年6月取得租金收入20万元，开具增值税普通发票，征收率为5%。

【解析】该企业应进行如下纳税处理。

2021年6月份取得的不含税销售额$=\dfrac{含税销售额}{1+征收率}=\dfrac{200\ 000}{1+5\%}=190\ 476.19$（元）

6月份应缴纳的增值税税额$=190\ 476.19\times5\%=9\ 523.81$（元）

【示范3-16】某商场是增值税小规模纳税人，2021年6月，该商场取得零售收入总额18.54万元，还销售了一批使用过的固定资产，开具普通发票，取得含税销售5.2万元，原值4万元。计算该商场当月的应纳增值税税额。

【解析】该企业应进行如下纳税处理。

①零售收入应纳增值税税额$=18.54\div(1+3\%)\times3\%=0.54$（万元）

②销售自己使用过的固定资产收入应纳增值税税额$=5.2\div(1+3\%)\times2\%=0.10$（万元）

③当月应纳增值税税额$=0.54+0.10=0.64$（万元）

【示范3-17】某小型工业企业是增值税小规模纳税人。2021年3月取得销售收入12.36万元（含增值税）；购进原材料一批，支付货款3.09万元（含增值税）。计算该企业当月应纳增值税税额。

【解析】该企业应进行如下纳税处理。

当月应纳增值税税额$=12.36\div(1+3\%)\times3\%=0.36$（万元）

【示范3-18】某商店为增值税小规模纳税人。2021年5月,购进童装280套,"六一"儿童节之前以每套128元的含税价格全部零售出去。计算商店当月销售这批童装应纳增值税税额。

【解析】该企业应进行如下纳税处理。

当月应纳增值税税额＝128÷(1＋3％)×3％×280＝1 043.88(元)

3.4 进口货物业务纳税处理

3.4.1 进口货物纳税业务处理规范

1. 进口货物征税范围

申报进入中华人民共和国海关境内的货物,均应缴纳增值税。确定一项货物是否属于进口货物,必须首先看其是否有报关进口手续。一般来说,境外产品要输入境内,都必须向我国海关申报进口,并办理有关报关手续。

注意事项

◆ 我国在规定对进口货物征税的同时,对某些进口货物制定了减免税的特殊规定。如属于"来料加工、进料加工"贸易方式进口国外的原材料、零部件等在国内加工后复出口的,对进口的料、件按规定给予免税或减税,但这些进口免、减税的料件若不能加工复出口,而是销往国内的,就要予以补税。

2. 进口货物应纳税额

纳税人进口货物,按照组成计税价格和税法规定的适用税率计算应纳税额,不得抵扣任何税额。组成计税价格和应纳税额的计算公式为:

组成计税价格＝关税完税价格＋关税＋消费税

或

组成计税价格＝(关税完税价格＋关税)÷(1－消费税税率)

应纳税额＝组成计税价格×税率

进口货物在海关缴纳的增值税,符合抵扣范围的,凭借海关进口增值税专用缴款书,可以从当期销项税额中抵扣。

3.4.2 进口货物纳税业务处理示范

【示范3-19】某进出口企业,于2020年9月,进口一批货物,海关审定的关税完税价格为7 000 000元,该货物关税税率为10%,增值税税率为13%。

【解析】该企业应进行如下纳税处理。

该企业进口货物应纳增值税额为:

①组成计税价格=7 000 000+7 000 000×10%=7 700 000(元)

②应纳增值税=7 700 000×13%=1 001 000(元)

【示范3-20】某进出口企业(一般纳税人)2020年10月份报关进口计算机600台,每台关税完税价格为4 000元,进口关税税率60%,已缴纳进口关税和海关代征的增值税,并已取得增值税完税凭证。当月销售出其中的300台,不含税售价每台8 000元。

【解析】该企业应进行如下纳税处理。

根据以上资料,该公司当月进口环节和销售环节应纳增值税额的计算为:

①进口环节应纳税额=(4 000+4 000×60%)×13%×600=499 200(元)

②销售环节应纳税额=8 000×13%×300-499 200=-187 200(元)

当月销项税额小于进项税额,不足抵扣,其差额187 200元结转下期继续抵扣,本期应纳增值税额为零。

3.5 出口货物退(免)税处理

3.5.1 出口货物退(免)税处理规范

出口货物退(免)税指在国际贸易中,对报关出口的货物退还在国内各生产环节和流转环节按税法规定已缴纳的增值税,或免征应缴纳的增值税。目的在于鼓励各国出口货物公平竞争的一种税收措施。

1. 适用于增值税退(免)政策的出口货物劳务范围

适用于增值税退(免)政策的出口货物劳务范围见表3-9。

表3-9　适用于增值税退（免）政策的出口货物劳务范围

范围	内　容
出口企业出口货物	出口企业或者其他单位视同出口货物
	出口企业对外援助、对外承包、境外投资的出口货物
	出口企业经海关报关进入国家批准的出口加工区、保税物流园区、保税港区、综合保税区等并销售给境外单位、个人的货物
	免税品经营企业销售的货物
	出口企业或其他单位销售用于国际金融组织或外国政府贷款国际招标建设项目的中标机电产品
	生产企业向海上石油天然气开采企业销售的自产的海洋工程结构物
	出口企业或其他单位销售给国际运输企业用于国际运输工具上的货物
	出口企业或其他单位销售给特殊区域内生产企业生产耗用且不向海关报关而输入特殊区域的水、电力、燃气
出口企业对外提供加工修理修配劳务	

2. 适用于增值税免税政策的出口货物劳务服务或无形资产

适用于增值税免税政策的出口货物劳务服务或无形资产范围见表3-10。

表3-10　适用于增值税免税政策的出口货物劳务服务或无形资产范围

范围	内　容
出口企业或其他单位出口以下货物免征增值税	增值税小规模纳税人出口的货物
	避孕药品和用具、古旧图书
	软件产品
	含黄金、铂金成分的货物，钻石及其饰品
	国家计划内出口的卷烟
	已使用过的设备。其具体范围指购进时未取得增值税专用发票、海关进口增值税专用缴款书，但其他相关单证齐全的已使用过的设备
	非出口企业委托出口的货物
	非列名生产企业出口的非视同自产货物
	农业生产者自产农产品。农产品的具体范围按照《农业产品征税范围注释》的规定执行
	油画、花生果仁、黑大豆等财政部和国家税务总局规定的出口免税的货物
	外贸企业取得普通发票、废旧物资收购凭证、农产品收购发票、政府非税收入票据的货物
	来料加工复出口的货物
	特殊区域内的企业出口的特殊区域内的货物
	以人民币现金作为结算方式的边境地区出口企业，从所在省（自治区）的边境口岸出口到接壤国家的一般贸易和边境小额贸易出口货物
	以旅游购物贸易方式报关出口的货物

范围	内 容
出口企业或其他单位视同出口以下货物劳务免征增值税	国家批准设立的免税店销售的免税货物
	特殊区域内的企业为境外的单位或个人提供加工修理修配劳务
	同一特殊区域、不同特殊区域内的企业之间销售特殊区域内的货物
出口企业或其他单位未按规定申报或未补齐增值税退（免）税凭证的以下出口货物劳务	未在国家税务总局规定的期限内申报增值税退（免）税的出口货物劳务
	未在规定期限内申报开具《代理出口货物证明》的出口货物劳务
	已申报增值税退（免）限，却未在国家税务总局规定的期限内向税务机关补齐增值税退（免）税凭证的出口货物劳务

3. 适用增值税征税政策的出口货物劳务

下列出口货物劳务,不适用增值税退（免）税和免税政策,按以下规定及视同内销货物征税的其他规定征收增值税。

①出口企业出口或视同出口,财政部和国家税务总局根据国务院决定明确取消出口退（免）税的货物(不包括来料加工复出口货物、中标机电产品、列名原材料、输入特殊区域的水电气、海洋工程结构物)。

②出口企业或其他单位销售给特殊区域内的生活消费用品和交通运输工具。

③出口企业或其他单位因骗取出口退税被税务机关停止办理增值税退（免）税期间出口的货物。

④出口企业或其他单位提供虚假备案单证的货物。

⑤出口企业或其他单位增值税退（免）税凭证有伪造或内容不实的货物。

⑥出口企业或其他单位未在国家税务总局规定期限内申报免税核销以及经主管税务机关审核不予免税核销的出口卷烟。

⑦出口企业或其他单位具有其他特殊情形的出口货物劳务。

生产企业出口货物增值税免抵退税。具体说明见表3-11。

表 3-11 出口货物退(免)税的方法说明表

计算方法		具体说明
"免抵退"税	当期应纳税额的计算	当期应纳税额=当期内销货物的销项税额−(当期进项税额−当期免抵退税不得免征和抵扣税额)
	免抵退税额的计算	免抵退税额=出口货物离岸价×外汇人民币折合率×出口货物退税率−免抵退税抵减额 其中:免抵退税抵减额=免税购进原材料价格×出口货物退税率
	当期应退税款和免抵税款的计算	如当期期末留抵税额≤当期免抵退税额,则当期应退税额=当期期末留抵税额;当期免抵税额=当期免抵退税额−当期应退税额 如当期期末留抵税额>当期免抵退税额,则当期应退税额=当期免抵退税额;当期免抵税额=0
	免抵退税不得免征和抵扣税额的计算	免抵退税不得免征和抵扣税额=当期出口货物离岸价×外汇人民币折合率×(出口货物适用税率−出口货物退税率)−当期不得免征和抵扣税额抵减额 当期不得免征和抵扣税额抵减额=当期免税购进原材料价格×(出口货物适用税率−出口货物退税率)

3.5.2 出口货物退(免)税处理示范

【示范 3-21】某企业为一般纳税人,增值税税率 13%,出口退税率 11%,2020 年 5 月份发生以下业务。

(1)购进一批原材料,取得的增值税专用发票上注明价款为 1 600 000 元,增值税为 208 000 元,款项已支付,材料已入库。

(2)本月内销不含税销售额为 270 000 元,款项已收到,应缴销项税额为 35 100 元。

(3)本月出口产品销售额为 1 426 000 元,款项尚未收到。进项税额转出为 85 560 元。

(4)月末,申报出口退税。

【解析】该企业应进行如下纳税处理。

①当期应纳税额=35 100−(208 000−85 560)=−87 340(元)

②免抵退税额=1 426 000×11%=156 860(元)

③确定退税额及免抵额:退税额 87 340 元,免抵额为 156 860−87 340=69 520 元。

第 4 章

示范——消费税纳税业务操作

4.1 缴纳消费税必会事项

消费税是对在中华人民共和国境内对从事生产、委托加工以及进口应税消费品的单位和个人,就其销售额或销售数量,征收的一种流转税,是对特定的消费品和消费行为在特定的环节征收的一种间接税。

我国现行的消费法的基本规范,是由国务院颁布的《中华人民共和国消费税暂行条例》(以下简称《消费税暂行条例》)和由财政部颁布的《中华人民共和国消费税暂行条例实施细则》(以下简称《消费税暂行条例实施细则》),并于 1994 年 1 月 1 日起实施。

4.1.1 纳税义务人

消费税的纳税义务人是在中华人民共和国境内生产、委托加工和进口应收消费品的单位和个人。具体来说,消费税的纳税人包括生产应税消费品的单位和个人;进口应税消费品的单位和个人;委托加工应税消费品的单位和个人。个人携带或者邮寄入境的应税消费品的消费税,连同关税一并计征,由携带入境者或者收件人缴纳消费税。

纳税义务人的具体类型见表 4-1。

表 4-1 纳税义务人类型表

类型	具体说明
单位	指国有企业、集体企业、私有企业、股份制企业、外商投资企业和外国企业、其他企业和行政单位、事业单位、军事单位、社会团体及其他单位
个人	指个体经营者及其他个人

4.1.2 征税范围

根据《消费税暂行条例》的规定,消费税的征收范围为在中华人民共和国境内生产、委托加工和进口消费税暂行条例规定的消费品,具体说明见表 4-2。

表 4-2 消费税征收范围

征收范围	具体说明
生产应税消费品	生产应税消费品销售是消费税征收的主要环节,消费税具有单一环节征税的特点,在生产销售环节征税以后,货物在流通环节无论再转销多少次,不用再缴纳消费税
委托加工应税消费品	委托加工应税消费品指委托方提供原料和主要材料,受托方只收取加工费和代垫部分辅助材料加工的应税消费品
进口应税消费品	单位和个人进口货物属于消费税征税范围的,在进口环节也要缴纳消费税。为了减少征税成本,进口环节缴纳的消费税有海关代征
零售应税消费品	零售应税消费税征收范围包括金、银和金基、银基合金的镶嵌首饰。零售环节适用税率为 5%,在纳税人销售金银首饰、钻石及钻石饰品时征收

消费税税目反映征收的具体范围,指按照一定的标准和范围对课税对象进行划分而确定的具体征税项目或品种。目前我国属于消费税征税范围的消费品主要有烟、酒、高档化妆品、贵重首饰及珠宝玉石、鞭炮焰火、成品油、汽车轮胎、小汽车、摩托车等 15 个税目。具体说明见表 4-3。

表 4-3 消费税税目说明表

税目	具体说明
烟	凡是以烟叶为原料加工生产的产品,不论使用何种辅料,均属于本税目的征收范围。包括卷烟、雪茄烟和烟丝

税目	具体说明
酒	酒包括粮食白酒、薯类白酒、黄酒、啤酒和其他酒 白酒指以高粱、玉米、大米、大麦、小麦等粮食为原料,蒸馏酿制的白酒 黄酒的征收范围包括各种原料酿制的黄酒和酒精度超过12度(含)的土甜酒 啤酒分为甲类啤酒和乙类啤酒。征收范围包括各种包装盒散装的啤酒 其他酒指白酒、黄酒、啤酒以外,酒精度在1度以上的各种酒 以蒸馏酒或食用酒精为基配制,酒精度低于38度(含)和以发酵酒为基配制,酒精度低于20度(含)的,按照"其他酒"10%征税;其他配制酒,按照"白酒"征税 自2014年12月1日起,取消酒精消费税
高档化妆品	自2016年10月1日起,将"化妆品"税目更名为"高档化妆品" 化妆品的征税范围包括:各类美容、修饰类化妆品,高档护肤类化妆品和成套化妆品
贵重首饰及珠宝玉石	本税目征税范围包括:凡以金、银、白金、宝石、珍珠、钻石、翡翠、玛瑙等高贵稀有物质以及其他金属、人造宝石等制作的各种纯金银首饰及镶嵌首饰和经采掘、打磨、加工的各种珠宝玉石,如钻石、珍珠、长石、玉、石英、琥珀、珊瑚等
鞭炮、焰火	本税目征收范围包括各种鞭炮、焰火
成品油	本税目包括汽油、柴油、石脑油、溶剂油、航空煤油、润滑油、燃料油7个子目
小汽车	小汽车指由动力装置驱动,具有四个或四个以上车轮的非轨道承载的车辆 本税目征收范围包括: 小汽车:含驾驶员座位在内最多不超过9个座位(含)的,在设计和技术特征上用于载运乘客和货物的各类乘用车 中轻型商用客车:含驾驶员座位在内的座位数在10～23座(含23座)的,在设计和技术特征上用于载运乘客和货物的各类中轻型商用客车 超豪华小汽车:每辆零售价格130万元(不含增值税)及以上的乘用车和中轻型商用客车
摩托车	本税目的征收范围包括:轻便摩托车和摩托车两种 轻便摩托车指最大设计车速不超过50 km/h,发动机汽缸总量工作容积不超过50 mL的两轮摩托车 摩托车指最大设计车速超过50 km/h,发动机汽缸总量工作容积超过50 mL,空车重量不超过400 kg的两轮和三轮机动车
高尔夫球及球具	高尔夫球及球具指从事高尔夫球运动所需的各种专用装备,包括高尔夫球、高尔夫球杆及高尔夫球包(袋)等
高档手表	高档手表指销售价格(不含增值税)每只在10 000元(含)以上的各类手表
游艇	本税目的征收范围包括游艇指艇身长度大于8 m(含)、小于90 m(含),内置发动机,可以在水上移动,一般为私人或团体购置,主要用于水上运动与休闲娱乐等非营利活动的各类机动艇。船体由玻璃钢、钢、铝合金、塑料等多种材料制作,可以在水上移动的水上浮载体
木制一次性筷子	又称卫生筷子,本税目的征收范围包括指以木材为原料经过锯断、浸泡、旋切、刨切、烘干、筛选、打磨、倒角、包装等环节加工而成的各类各规格的木制一次性使用的筷子。未经打磨、倒角的木制一次性筷子属本税目征收范围

税务会计处理全流程演练从入门到精通

税目	具体说明
实木地板	本税目征收范围包括各类规格的实木地板、实木指接地板、实木复合地板，及用于装饰墙壁、天棚的实木装饰板。未经涂饰的素板属于本税目征税范围。实木地板指以木材为原料，经锯割、干燥、刨光、截断、开榫、涂漆等工序加工而成的块状或条状的地面装饰材料
电池	电池包括原电池、蓄电池、燃料电池、太阳能电池和其他电池
涂料	涂料指涂于物体表面能形成具有保护、装饰或特殊性能的固态涂膜的一类液体或固体材料的总称

4.1.3 消费税税率

我国的消费税税率根据课税对象的不同，采用比例税率与定额税率两种形式，消费税税率形式的选择，主要根据课税对象的具体情况来确定。

如出现以下情况时，应按照适用税率中最高税率征税：①纳税人兼营不同税率的应税消费品，即生产销售两种税率以上的应税消费品时，应当分别核算不同税率应税消费品的销售额或销售数量，未分别核算的，按最高税率征税；②纳税人将应税消费品与非应税消费品以及适用税率不同的应税消费品组成成套消费品销售的，应根据组合产制品的销售金额按应税消费品中适用最高税率的消费品税率征税。

具体的税率标准见表4-4。

表4-4 消费税税目及税率

税目			税率（税额）
1. 烟	卷烟	甲类香烟	56%加0.003元/支
		乙类香烟	36%加0.003元/支
		商业批发	11%加0.005元/支
	雪茄烟		36%
	烟丝		30%
2. 酒	白酒		20%加0.5元/500克（毫升）
	黄酒		240元/吨
	啤酒	甲类啤酒	250元/吨
		乙类啤酒	220元/吨
	其他酒		10%
3. 高档化妆品			15%

税目			税率（税额）
4. 贵重首饰及珠宝玉石	金银首饰、铂金首饰和钻石及钻石饰品		5%
	其他贵重首饰和珠宝玉石		10%
5. 鞭炮、焰火			15%
6. 成品油	汽油	无铅汽油	1.52元/升
	柴油		1.20元/升
	航空煤油		1.20元/升
	石脑油		1.52元/升
	溶剂油		1.52元/升
	润滑油		1.52元/升
	燃料油		1.20元/升
7. 摩托车	气缸容量（排气量）在250毫升（含250毫升）以下的		3%
	气缸容量（排气量）在250毫升以上的		10%
8. 小汽车	乘用车	气缸容量在1.0升（含1.0升）以下的	1%
		气缸容量在1.0升以上至1.5升以下（含1.5升）的	3%
		气缸容量在1.5升以上至2.0升以下（含2.0升）的	5%
		气缸容量在2.0升以上至2.5升以下（含2.5升）的	9%
		气缸容量在2.5升以上至3.0升以下（含3.0升）的	12%
		气缸容量在3.0升以上至4.0升以下（含4.0升）的	25%
		气缸容量在4.0升以上的	40%
	中轻型商用客车		5%
	超豪华小汽车（零售环节）		10%
9. 高尔夫球及球具			10%
10. 高档手表			20%
11. 游艇			10%
12. 木制一次性筷子			5%
13. 实木地板			5%
14. 铅蓄电池			4%
15. 涂料			4%

4.1.4 消费税优惠政策

我国对消费税的税收优惠政策包括减免和退税两种。

1. 减免

除了极少数特殊情况外，消费税一般不给予减免税优惠。消费税的税收减免主要有以下两种情形。

① 纳税人出口应税消费品,除法律另有规定外,免征消费税。出口应税消费品的免税办法,由国务院财政、税务主管部门规定。

② 纳税人自产自用的应税消费品,用于连续生产应税消费品的,不纳税。

2. 退税

在消费税的退税方面,主要包括以下两种情形。

① 纳税人销售的应税消费品,如因质量等原因由购买者退回时,经机构所在地或者居住地主管税务机关审核批准后,可退还已缴纳的消费税税款。

② 纳税人出口按规定可以免税的应税消费品,在货物出口后,可以按照国家有关规定办理退税手续。

4.2　消费税纳税业务处理

4.2.1　对外销售应税消费品纳税处理

1. 消费税的应税行为

根据《消费税暂行条例》及其实施细则的有关规定,下列情况均应作销售或视同销售,确定销售额并按规定缴纳消费税。

①有偿转让应税消费品所有权的行为。具体包括纳税人用应税消费品换取生产资料和消费资料;用应税消费品支付代扣手续费或者销售回扣;在销售数量之外另付给购货方或中间人作为奖励和报酬的应税消费品。

②纳税人自产自用的应税消费品用于其他方面的。即纳税人用于生产非应税消费品和在建工程、管理部门、非生产机构、提供劳务以及用于馈赠、赞助、广告、样品、职工福利、奖励等,均视同对外销售。

③委托加工的应税消费品。在委托方提货时,由受托方代收代缴消费税。

2. 对外销售应税消费品纳税处理规范

(1)确定销售额

对外销售应税消费品的销售额指纳税企业销售应税消费品向购买方收

取的全部价款和价外费用,但是不包括收取的增值税销项税额。价外费用指价外向购买方企业收取的基金、集资费、返还利润、补贴、违约金(延期付款利息)和手续费、包装费、储备费、优质费、运输装卸费、代收款项、代垫款项及其他各种性质的价外费用。

企业应根据对外销售的价格确定销售额。

(2)确定销售数量

销售数量指纳税企业生产、委托加工和进口应税消费品的数量,对外销售应税消费品的,为应税消费品的销售数量。

(3)确定应纳税额

根据消费税法的规定,纳税企业应纳消费税额的计算方法主要有从价定率、从量定额和复合计税三种,具体说明见表4-5。

表 4-5 应纳消费税的计算方法说明表

计算方法	具体说明
从价定率	消费税法规定,除黄酒、啤酒、成品油三种应税消费品实行从量定额,卷烟、白酒计税办法调整为实行从量定额和从价定率的复合计征办法计征消费税外,其他应税消费品实行从价定率办法计征消费税 应纳税额=应税消费品的销售额×比例税率 上述公式中的销售额,含有消费税但不含增值税。对含增值税的价格应换算为不含增值税的销售额
从量定额	从量定额的计税方法适用于黄酒、啤酒、成品油等应税消费品消费税的计算 应纳税额=应税消费品的销售数量×定额税率
复合计税	现行的消费税征税范围中,只有卷烟、白酒采用复合计算方法 应纳税额=销售数量×定额税率+销售额×比例税率

3. 对外销售应税消费品纳税处理示范

(1)从价定率

【示范 4-1】某高档化妆品企业生产一批口红,税率为 15%,2020 年 2 月销售口红 10 000 支,取得含税收入 1 000 000 元。当期准予扣除的已纳消费税税款为 5 000 元,计算该企业应纳消费税额。

【解析】该企业应进行如下纳税处理。

① 不含增值税的销售额=1 000 000÷(1+13%)=884 955.75(元)

② 应纳消费税税额=884 955.75×15%−5 000=127 743.36(元)

(2)从量定额

【示范4-2】某啤酒生产厂家生产一批啤酒,每吨税额为250元。2020年1月销售20吨,每吨出厂价格为4 000元,取得不含税收入80 000元。计算该企业应纳消费税额。

【解析】该企业应进行如下纳税处理。

每吨出厂价格在3 000元以上的(含3 000元,不含增值税),其每吨定额税额为250元。

应纳消费税税额=20×250=5 000(元)

(3)复合计征

【示范4-3】某白酒生产厂家生产的粮食白酒,税率为20%,单位税额为每斤0.5元。2020年1月销售粮食白酒5 000斤,取得含税收入500 000元,当期准予扣除的进项税额为18 000元。计算该企业应纳消费税额。

【解析】该白酒厂应进行如下纳税处理。

① 不含增值税的销售额=500 000÷(1+13%)=442 477.88(元)

应纳增值税税额=442 477.88×13%-18 000=39 522.12(元)

② 应纳消费税税额=5 000×0.5+442 477.88×20%=90 995.58(元)

4.2.2 自产自用应税消费品纳税处理

1. 自产自用适用从价定率计征和从量定额消费税纳税处理

(1)自产自用适用从价定率计征消费税的处理规范

纳税人自产自用的应税消费品,用于连续生产应税消费品的,使用时不纳税。凡用于其他方面,应当纳税的,按照纳税人生产的同类消费品的销售价格计算纳税;没有同类消费品销售价格的,按组成计税价格计算纳税。

有同类消费品销售价格的,按销售价格计税,其计算公式为:

应纳消费税税额=同类消费品销售价格×适用的消费税税率

没有同类消费品销售价格的,按组成计税价格计算纳税,其计算公式为:

$$组成计税价格=\frac{成本+利润}{1-消费税税率}=\frac{成本×(1+成本利润率)}{1-消费税税率}$$

应纳消费税税额=组成计税价格×适用的消费税税率

上述公式中的"成本",指纳税人生产应税消费品时所支付或负担的产品生产成本。"利润",指根据应税消费品的全国平均成本利润率计算的利润。应税消费品全国平均成本利润率表见表4-6。

表4-6 应税消费品全国平均成本利润率表

序号	货物名称	平均成本利润率(%)	序号	货物名称	平均成本利润率(%)
1	甲类卷烟	10	11	贵重首饰及珠宝玉石	6
2	乙类卷烟	5	12	涂料	7
3	雪茄烟	5	13	摩托车	6
4	烟丝	5	14	高尔夫球及球具	10
5	粮食白酒	10	15	高档手表	20
6	薯类白酒	5	16	游艇	10
7	其他酒	5	17	木制一次性筷子	5
8	电池	4	18	实木地板	5
9	化妆品	5	19	乘用车	8
10	鞭炮、烟火	5	20	中轻型商用客车	5

(2)自产自用适用从价定率计征消费税的处理示范

【示范4-4】某生产高档化妆品的企业将一批自产的化妆品用作职工福利,该批化妆品的生产成本为20 000元。

【解析】该企业应进行如下纳税处理。

该企业将一批化妆品用作职工福利,应视同销售货物行为,缴纳增值税和消费税,对没有同类消费品销售价格的,按组成计税价格计算纳税。

① 组成计税价格＝成本×(1＋成本利润率)÷(1－消费税税率)

$$＝20\ 000×(1＋5\%)÷(1－15\%)$$

$$＝24\ 705.88(元)$$

② 应纳消费税税额＝组成计税价格×消费税税率

$$＝24\ 705.88×15\%＝3\ 705.88(元)$$

2. 自产自用适用复合计征消费税

(1)自产自用适用复合计征消费税的处理规范

自2001年5月、6月,分别对白酒、卷烟采用从价与从量复合征收消费税的计税办法。具体的计算方法包括按销售价格计征和按组成计税价格计征两种。具体说明见表4-7。

表 4-7　自产自用适用符合计征消费税计征方法说明表

消费税计征方法	具体说明
按销售价格计征	有同类消费品销售价格的,按销售价格计税 应纳消费税税额＝同类消费品销售价格×适用的比例税率＋自产自用数量×适用的定额税率
按组成计税价格计征	没有同类消费品销售价格的,按组成计税价格计算纳税 组成计税价格＝(成本＋利润＋自产自用数量×定额税率)÷(1−消费税比例税率);应纳消费税税额＝组成计税价格 ×比例税率＋自产自用数量×定额税率

(2)自产自用适用复合计征消费税的处理示范

【示范 4-5】一家白酒生产厂将一批自产的粮食白酒用作管理部门招待费用,该批白酒的生产成本为 20 000 元,重量为 1 000 斤。

【解析】该企业应进行如下纳税处理。

该企业将一批粮食白酒用于管理部门招待费用,应视同销售货物行为,缴纳增值税和消费税,对没有同类消费品销售价格的,按组成计税价格计算纳税。

① 从量消费税税额＝0.5×1 000＝500(元)

② 组成计税价格＝[20 000×(1＋10%)＋500]÷(1−20%)＝28 125(元)

③ 应纳增值税税额＝28 125×13%＝3 656.25(元)

4.2.3　委托加工应税消费品纳税处理

1. 委托加工应税消费品纳税处理规范

委托加工的应税消费品,按照受托方的同类消费品的销售价格计算纳税;没有同类消费品销售价格的,按组成计税价格计算纳税。

(1)按销售价格计征

有同类消费品销售价格的,按销售价格计税,其计算公式为:

应纳消费税税额＝同类消费品销售价格×消费税税率

(2)按组成计税价格计征

没有同类消费品销售的,按组成计税价格计算纳税,其计算公式为:

$$组成计税价格＝\frac{材料成本＋加工费}{1−比例税率}$$

应纳消费税税额＝组成计税价格×消费税税率

实行复合计税办法计算纳税的组成计税价格为：

$$组成计税价格=\frac{材料成本＋加工费＋提货数量×定额税率}{1-比例税率}$$

$$应纳消费税税额=组成计税价格×消费税税率$$

上述公式中的"材料成本"，指委托方所提供加工材料的实际成本。"加工费"，指受托方加工应税消费品向委托方所收取的全部费用，包括代垫辅助材料的实际成本，不包括向委托方代收代缴的消费税，也不包括向委托方收取的增值税税款。

2. 委托加工应税消费品纳税处理示范

【示范4-6】甲烟草公司委托乙烟丝厂加工一批烟丝，加工所需烟叶由甲烟草公司提供，烟叶的实际成本为 300 000 元（不含增值税），加工费用 60 000元（含增值税），由乙烟丝厂代垫辅助材料价款为 40 000 元（含增值税），烟丝加工完毕，甲烟草公司收回委托乙方加工的烟丝并验收入库。收回烟丝后直接销售，销售价款为 600 000 元（不含增值税）。假定乙烟丝厂就加工费给甲烟草公司开具了增值税专用发票，且发票已通过认证。

【解析】乙烟叶厂应进行如下纳税处理。

① 就加工费缴纳增值税：

$$不含税加工费=\frac{60\ 000＋40\ 000}{1＋13\%}=88\ 495.58(元)$$

$$应纳增值税税额=88\ 495.58×13\%=11\ 504.43(元)$$

② 应在向甲烟草公司交货时代收代缴消费税：

$$组成计税价格=\frac{材料成本＋加工费}{1-消费税税率}$$

$$=\frac{300\ 000＋60\ 000}{1-30\%}=514\ 285.71(元)$$

$$应代收代缴的消费税税额=组成计税价格×适用的消费税税率$$
$$=514\ 285.71×30\%=154\ 285.71(元)$$

甲烟草公司应进行如下纳税处理。

① 取得增值税专用发票的加工费负担的增值税 11 504.42 元已通过认证，准予作为进项税额抵扣。

$$销项税税额=600\ 000×13\%=78\ 000(元)$$

应纳增值税税额＝78 000－11 504.43＝66 495.57(元)

② 委托加工的烟丝收回时由乙方代收代缴消费税款为 154 285.71 元，因收回的烟丝直接销售，不再缴纳消费税。

4.2.4　包装物随产品销售的纳税处理

1.包装物随产品销售的纳税处理规范

(1)包装物随同消费品销售

实行从价定率办法计算应纳消费税额的应税消费品连通包装物销售的，无论包装物是否单价计价，也不论在会计上如何核算，均应并入应税消费品的销售额中，按照所包装应税消费品的适用税率征收消费税。

(2)收取包装物押金

实行从价定率办法计算应纳消费税税额的应税消费品的包装物，如果不作价随同产品销售，而是收取押金(收取酒类产品的包装物押金除外)，且单独记账核算，又未过期的，此项押金不应并入应税消费品的销售额中征税。但对因逾期未收回的包装物不再退还的和已收取 1 年以上的押金，应并入应税消费品的销售额，按照所包装的应税消费品的适用税率征收消费税。

(3)包装物既随同产品销售又收取押金

实行从价定率办法计算应纳消费税额的应税消费品的包装物，如果既作价随同应税消费品销售，又另外收取包装物押金，凡纳税人在规定的期限内不予退还的，均应并入应税消费品的销售额，按照所包装的应税消费品的适用税征收消费税。

👨‍🏫 **注意事项**

◆ 从 1995 年 6 月 1 日起，对酒类产品生产企业销售酒类产品(黄酒、啤酒除外)而收取的包装物押金，无论押金是否返还以及会计上如何核算，均应并入当期酒类产品销售额中，依酒类产品的适用税率征收销售额。

2.包装物随产品销售的纳税处理示范

【示范 4-7】甲公司为一家生产粮食白酒的增值税一般纳税人，2018 年

1月1日,白酒包装物随同粮食白酒销售,包装物单独计价收取包装物价款3 000元,另外收取包装物押金4 000元。2018年12月31日仍未收回包装物而没收包装物押金。该产品适用的增值税税率为13%,消费税比例税率为20%。

【解析】甲公司应进行如下纳税处理。

(1)2018年1月1日销售时

从1995年6月1日起,对酒类产品生产企业销售酒类产品(除黄酒、啤酒以外)而收取的包装物押金,无论押金是否返还以及会计上如何核算,均应并入当期酒类产品销售额中征税。

$$包装物价款和押金的销售额=\frac{3\ 000+4\ 000}{1+13\%}=6\ 194.69(元)$$

$$包装物价款和押金的销项税额=6\ 194.69\times13\%=805.31(元)$$

$$包装物价款和押金的消费税额=6\ 194.69\times20\%=1\ 238.94(元)$$

(2)2018年12月31日逾期时

2018年12月31日,包装物押金逾期未退,但因押金在收取时已经并入销售额征税了,因此,当包装物押金逾期时不再征税。

4.2.5 进口环节应纳消费税处理

1. 进口一般货物应纳消费税处理

(1)进口一般货物应纳消费税处理规范

进口一般货物应纳消费税计征方式包括从价定率计征、从量定额计征和复合计征三种。其各自的计算方法说明见表4-8。

表4-8 进口一般货物应按消费税计征方式及计算说明表

计征方式	计算方法
从价定率计征	1. 关税=关税完税价格×关税税率 2. 组成计税价格=(关税完税价格+关税)÷(1−消费税比例税率) 3. 应纳消费税额=组成计税价格×消费税比例税率 4. 应纳增值税额=组成计税价格×增值税税率
从量定额计征	1. 应纳消费税额=应税消费品数量×消费税定额税率 2. 关税=关税完税价格×关税税率 3. 组成计税价格=关税完税价格+关税+应纳消费税额 4. 应纳增值税额=组成计税价格×增值税税率

计征方式	计算方法
复合计征	1. 关税＝关税完税价格×关税税率 2. 从量消费税税额＝应税消费品数量×消费定额税率 3. 组成计税价格＝(关税完税价格＋关税＋进口数量×消费税定额税率)÷(1－消费税比例税率) 4. 应纳消费税税额＝消费定额税＋组成计税价格×消费税比例税率 　　其中,消费税定额税＝海关核定的进口数量×消费税定额税率 5. 应纳增值税税额＝组成计税价格×增值税税率

(2)进口一般货物应纳消费税处理示范

① 实行从价定率计征应纳税额的纳税处理示范。

【示范 4-8】甲公司 2020 年 1 月从英国进口一批超豪华小轿车,其完税价格为 400 万元人民币,关税税率为 20％,消费税税率为 10％,增值税税率为 13％。

【解析】甲公司应进行如下纳税处理。

关税＝关税完税价格×关税税率＝400×20％＝80(万元)

$$组成计税价格＝\frac{400＋80}{1－10％}＝533.33(万元)$$

应纳消费税税额＝600×10％＝60(万元)

应纳增值税税额＝600×13％＝78(万元)

② 实行从量定额计征应纳税额的纳税处理示范。

【示范 4-9】丙公司 2020 年 1 月从英国进口一批容积为 1 000 万升的无铅汽油,其完税价格为 550 万元人民币,假设关税税率为 20％,消费税单位税额每升为 1.52 元,增值税税率为 13％。

【解析】丙公司应进行如下纳税处理。

应纳消费税税额＝1 000×1.52＝1 520(万元)

应纳关税＝550×20％＝110(万元)

组成计税价格＝550＋110＋1 520＝2 180(万元)

应纳增值税税额＝2 180×13％＝283.4(万元)

③ 实行复合计征应纳税额的纳税处理示范。

【示范 4-10】乙公司从美国进口 30 000 斤的粮食白酒,完税价格为 700 万元人民币,假设关税税率为 20％,消费税单位税额为每斤 0.5 元,消费税比例税率为 20％,增值税税率为 13％。

【解析】乙公司应进行如下纳税处理。

应纳关税 $=700\times20\%=140$（万元）

从量消费税税额 $=30\ 000\times0.5=1.5$（万元）

组成计税价格 $=\dfrac{700+140+1.5}{1-20\%}=1\ 051.88$（万元）

应纳消费税税额 $=1.5+1\ 051.88\times20\%=211.88$（万元）

应纳增值税税额 $=1\ 051.88\times13\%=136.74$（万元）

2. 进口卷烟应纳消费税处理

(1)进口卷烟应纳消费税处理规范

为统一进口卷烟与国产卷烟的消费税政策,进口卷烟消费税使用比例税率按图4-1所示办法确定。

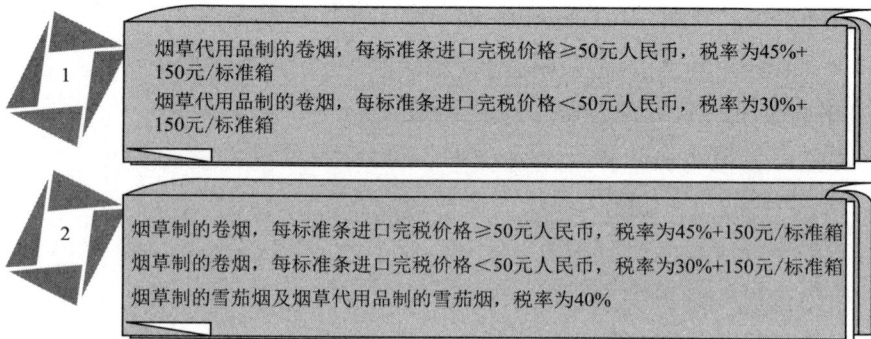

1 烟草代用品制的卷烟,每标准条进口完税价格≥50元人民币,税率为45%+150元/标准箱
烟草代用品制的卷烟,每标准条进口完税价格<50元人民币,税率为30%+150元/标准箱

2 烟草制的卷烟,每标准条进口完税价格≥50元人民币,税率为45%+150元/标准箱
烟草制的卷烟,每标准条进口完税价格<50元人民币,税率为30%+150元/标准箱
烟草制的雪茄烟及烟草代用品制的雪茄烟,税率为40%

图 4-1　进口卷烟消费税使用比例税率确定办法

进口卷烟应纳消费税计算公式如下:

$$进口卷烟消费税计税价格=\frac{关税完税价格+关税+进口税率\times消费税定额税率}{1-进口卷烟消费税适用比例税率}$$

应纳消费税税额 $=$ 进口卷烟消费税组成计税价格 $\times$

进口卷烟消费税适用比例税率 $+$ 消费税定额税

消费税定额税 $=$ 海关核定的进口卷烟数量 $\times$ 消费税定额税率

(2)进口卷烟应纳消费税处理示范

【示范4-11】某外贸公司,2020年1月份从国外进口卷烟400箱(每箱300条,每条200支),支付买价3 000 000元,支付到达我国海关前的运输费用150 000元,保险费用10 000元,已知进口卷烟的关税税率为20%,计算应纳消费税额。

【解析】该公司应进行如下纳税处理。

① 每条进口卷烟消费税适用比例税率的价格＝[(3 000 000＋150 000＋10 000)÷(400×300)×(1＋20％)＋0.6]÷(1－30％)＝46(元)

② 进口卷烟应纳的消费税税额＝400×300×46×30％＋400×300×0.6＝1 728 000(元)

4.2.6 出口应税消费品退(免)税处理

1. 出口应税消费品退(免)税处理规范

(1)相关政策规定

出口应税消费品退消费税政策,原则上采用征多少退多少的政策,计算出口应税消费品应退消费税的税率或单位税额,依据《消费税暂行条例》所附消费税税目、税率(税额)表执行。即退还消费税按照该应税消费品所适用的消费税额计算。

需要注意的是,企业应将不同消费税税率的出口应税消费品分开核算和申报,凡划分不清适用税率的,一律从低适用税率计算应退消费税税额。

(2)出口应税消费品退税额的计算

外贸企业从事生产企业购进应税消费品后,直接出口或受其他外贸企业委托代理出口应税消费品的应税消费税税款,根据计算缴纳消费税方法的不同分为表4-9所示三种情况处理。

表4-9 出口应税消费品退税额计算处理方法

缴纳消费税的方法	说明	计算公式
从价定率计征消费税的	属于从价定率计征消费税的应税消费品,应依照外贸企业从生产企业购进应税消费品时,征收消费税的价格计算应退消费税税款	1. 应退消费税税款＝出口货物的工厂销售额×适用的消费税税率 2. 公式中的"出口货物的工厂销售额",含有消费税,但不包含增值税。对含增值税的价格应换算为不含增值税的销售额
从量定额计征消费税的	属于从量定额计征消费税的应税消费品,应以外贸企业从生产企业购进和报关的数量计算应退消费税税款	应退消费税税款＝出口数量×适用的单位税额
符合计征消费税的	属于从价定率和从量定额符合计征消费税的应税消费品,应从外贸企业从生产企业购进应税消费品时征收消费税的价格和购进、报关出口的数量计算应退消费税税款	1. 应退消费税税款＝出口货物的工厂销售额×适用的消费税税率＋出口数量×适用的单位税额 2. 公式中的"销售额",与从价定率计征消费税中的销售额规定相同

2. 出口应税消费品退(免)税处理示范

【示范 4-12】某有出口经营权的外贸企业,2020 年 1 月从某生产企业购进 15 辆小轿车出口,小轿车的购入价格为每辆 10 万元,小轿车适用的消费税税率为 5%。假定小轿车办理退税后发生了退关。

【解析】该企业应进行如下退(免)消费税的处理。

有出口经营权的外贸企业从生产企业购进应税消费品出口的,应按照出口免税并退消费税的政策处理。

① 免征出口环节消费税。

② 当期应退的消费税税款＝10×15×5%＝7.5(万元)

③ 纳税人购进的应税消费品按出口免税并退税政策办理退税后,发生退关,如果进口时予以免税的,该企业必须及时向其所在地主管税务机关申报补缴已退的消费税税款 7.5 万元。

第5章

示范——关税纳税业务操作

5.1 缴纳关税必会事项

关税指海关依法对进出境货物、物品征收的一种税。我国目前对进出境货物征收的关税分为进口关税和出口关税两类。

我国现行关税的法律规范是以全国人民代表大会常务委员会于 2000 年 7 月修正颁布的《中华人民共和国海关法》(以下简称《海关法》)为法律依据，以国务院于 2004 年 1 月 1 日起实施的《中华人民共和国进出口关税条例》(以下简称《进出口关税条例》)，以及由国务院关税税则委员会审定并报国务院批准，作为条例组成部分的《中华人民共和国海关进出口税则》和《中华人民共和国海关入境旅客行李物品和个人邮递物品征收进口税办法》为基本法规。由负责关税政策制定和征收管理的主管部门依照基本法规拟定的管理办法和实施细则为主要内容。

5.1.1 纳税义务人与征税对象

1. 纳税义务人

根据我国现行的关税法律法规规定，负有向海关缴纳关税义务的企业和个人是进出口关税的纳税义务人。包括进口货物的收货人、出口货物的发货人和进出境物品的所有人。

进出口货物的收、发货人是关税的纳税义务人，是依法取得对外贸易经营权，并进口或出口货物的法人或者其他社会团体。如外贸进出口公司、其他经批准进出口货物的企业。

进出境物品的纳税人为进出境物品的所有人，包括该物品的所有人和推定为所有人的人。其具体说明如图 5-1 所示。

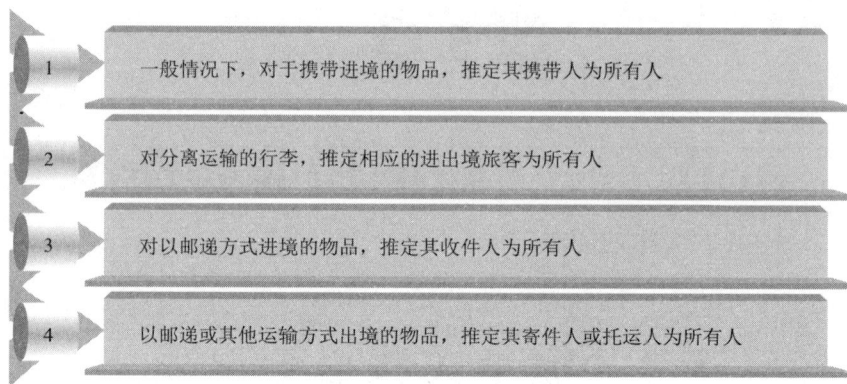

图 5-1　对进出境物品的所有人说明

2. 征税对象

关税的征税对象是准许进出境的货物和物品。货物指贸易性商品；物品指入境旅客随身携带的行李物品、个人邮递物品、各种运输工具上的服务人员携带进口的自用物品、馈赠物品以及其他方式进境的个人物品。

3. 关税的分类

关税可以按照表 5-1 所示的 4 种方式进行分类。

表 5-1　关税的分类表

分类依据	分	类
征税对象	进口关税	是海关对进口货物和物品所征的关税,是关税中最主要的一种征税形式
	出口关税	是海关对出口货物和物品征收的关税。因出口关税增加了出口货物的成本,会降低同别国产品的市场竞争力,故对出口关税征收的商品品种较少
	过境关税	指对过境货物所征收的关税。目前各国已相继取消
征税标准	从量税	按货物的计量单位(重量、长度、面积、容积、数量等)作为征税标准,以每一计量单位应纳的关税金额作为税率,称为从量税。从量税计算简便,目前我国对原油、啤酒等进口商品实行从量税
	从价税	以货物的价格作为征税标准而征收的税称为从价税,从价税的税率表现为货物价格的百分值。应纳税额为完税价格乘以税率
	复合税(混合税)	是对进口商品同时使用从价税和从量税计征进口关税。我们目前对感光材料、录像机、摄影机等商品实行复合税征收方式
	滑准税	是在税则中预先按产品的价格高低分档制定若干不同的税率,然后根据进出口商品价格的变动而增减进出口税率的一种关税

分类依据	分类	
征税性质	普通关税	是对与本国没有签署贸易或经济互惠等友好协议的国家原产的货物征收的非优惠性关税
	优惠关税	一般是互惠关税,既优惠协定的双方互相给对方优惠关税的待遇,是按照协议规定的优惠税率征收。一般有特定优惠关税、普遍优惠关税和最惠国待遇三种
	差别关税	是对来自不同国家和地区的货物给予差别对待,包括加重关税、反补贴关税、报复关税、反倾销关税等
保护形式和程度	关税壁垒	指一国政府以提高关税的办法限制外国商品进口的措施。关税壁垒的目的是抵制外国商品进入本国市场,最大限度地削弱外国商品在本国市场上的竞争能力,保护本国商品竞争优势,垄断国内市场。高额关税就像高墙一样阻止或限制外国商品输入,因此称之为关税壁垒
	非关税壁垒	非关税壁垒指除关税以外的一切限制进口的措施,有直接非关税壁垒和间接非关税壁垒之分。直接非关税壁垒是通过对本国产品和进口商品的差别待遇或迫使出口国限制商品出口等措施,以直接限制进口。间接非关税壁垒指并非对商品进行直接限制,而是采取同样能起到限制商品进口效果的各种措施。比如外汇管制、复杂的关税手续等

5.1.2 关税的税目及税率

1. 税目

目前,我国实施以《商品名称及编码协调制度》为基础的进出口税则,该税则税目设置更加科学化、精细化。1985 年到 1992 年,税目总数从 2 208 个增加至 6 265 个。此后,我国每年都要对税则税目进行调整。历次调整后,税目逐年增加:2001 年为 7 111 个,2011 年为 7 977 个,2012 年为 8 194 个,2013 年增至 8 238 个,2021 年增至 8 580 个,2022 年增至 8 930 个。

2. 税率

税率指海关税则规定的对课征对象征税时计算税额的比例。税率分为进口关税税率和出口关税税率。

(1)进口关税税率

根据新的《关税条例》规定,我国进口关税设置包括最惠国税率、协定税率、特惠税率、普通税率、暂定税率和配额税率。具体说明见表 5-2。

表 5-2　进口关税的税率说明表

分类	具体说明
最惠国税率	最惠国税率适用原产于与我国共同适用最惠国待遇条款的 WTO 成员方或地区的进口货物,或原产于与我国签订有相互给予最惠国待遇条款的双边贸易协定的国家或地区进口的货物,以及原产于我国境内的进口货物
协定税率	协定税率适用原产于我国参加的含有关税优惠条款的区域性贸易协定有关缔约方的进口货物。目前对原产于韩国、澳大利亚、秘鲁、印度、泰国、越南等适用协定税率
特惠税率	特惠税率适用原产于与我国签订有特殊优惠关税协定的国家或地区的进口货物,目前适用于特惠税率的国家有埃塞俄比亚、马达加斯加、马里、阿富汗、孟加拉国、赞比亚、安哥拉、索马里、老挝等
普通税率	普通税率适用于原产于上述国家或地区以外的其他国家或地区的进口货物以及原产地不明的进口货物。按照普通税率征税的进口货物,经国务院关税税则委员会特别批准,可以适用最惠国税率
暂定税率	暂定税率的商品可分为两类:一类无技术规格,海关在征税时只需审核品名和税号无误后,即可执行;另一类附有技术规格,海关在征税时,除审核品名和税号外,还需对进口货物的技术规格进行专业认定后才能适用 暂定税率优先适用于优惠税率或最惠国税率,按普通税率征税的进口货物不适用暂定税率
配额税率	对部分进口农产品和化肥产品实行关税配额,即一定数量内的进口商品适用税率较低的配额内税率,超出该数量的进口商品适用税率较高的配额外税率

暂定税率优先适用于优惠税率或最惠国税率,所以适用最惠国税率的进口货物有暂定税率的,适用暂定税率;当最惠国税率低于或等于协定税率时,协定有规定的,按相关协定的规定执行,协定无规定的,两者从低适用。适用协定税率、特惠税率的进口货物有暂定税率的,应当从低适用税率。按照国家规定实行关税配额管理的进口货物、关税配额内的,适用关税配额税率;关税配额外的,按其适用税率的规定执行。按照有关法律、行政法规的规定,对进口货物采取反倾销、反补贴、保障措施的,其税率的适用按照有关规定执行。

(2)出口关税税率

征收出口关税的货物项目很少,主要为少数资源性产品。

我国仅对少数资源性产品及易于竞相杀价、盲目进口、需要规范出口秩序的半制成品征收出口关税。根据《海关总署关于 2019 年关税调整方案的公告》(海关总署公告 2018 年第 212 号),2019 年 1 月 1 日起继续对铬铁等 108 项出口商品征收出口关税或实行出口暂定税率,税率维持不变,取消 94 项出口暂定税率。

5.1.3　关税优减免

关税减免是对某些纳税人和征收对象给予鼓励和照顾的一种特殊调节

手段,是贯彻国家关税政策的一项重要措施。我国关税减免分为法定减免税、特定减免税和临时减免税三种类型。具体说明见表5-3。

表 5-3 关税优惠政策说明表

分类		具体说明
法定减免税	免税	1. 关税税额在人民币 50 元以下的一票货物,可免征关税 2. 无商业价值的广告品和货样,可免征关税 3. 外国政府、国际组织无偿赠送的物资,可免征关税 4. 进出境运输工具装载的途中必需的燃料、物料和饮食用品,可予免税 5. 在海关放行前损失的货物,可免征关税;在海关放行前遭受损失的货物,可根据海关认定的受损程度减征关税
	暂不缴纳	经海关批准暂时进境或出境的下列货物,缴纳相当于应纳税款的保证金或担保后,可以暂不缴纳关税 1. 在展览会、交易会、会议及类似活动中展示或者使用的货物 2. 文化、体育交流活动中使用的表演、比赛用品 3. 进行新闻报道或者摄制电影、电视节目使用的仪器、设备及用品 4. 开展科研、教学、医疗活动使用的仪器、设备及用品 5. 在第 1 项至第 4 项所列活动中使用的交通工具及特种车辆 6. 货样 7. 供安装、调试、检测设备时使用的仪器、工具 8. 盛装货物的容器 9. 其他用于非商业目的的货物 以上所列暂准进境货物在规定的期限内(一般为 6 个月)未复运出境的,或者暂准出境货物在规定的期限内未复运进境的,海关应当依法征收关税
特定减免税		1. 特定减免税也称政策性减免税,是在法定减免税之外,国家按照国际通行规则和我国实际情况,制定发布的有关进出口货物减免关税的政策 2. 享有特定减免税政策的进出口货物主要有科教用品、残疾人专用品、扶贫慈善性捐赠物资、加工贸易产品、边境贸易进口物资、保税区进出口货物、出口加工区进出口货物、进口设备、特定行业或用途及特定地区的减免税政策等
临时减免税		1. 临时减免税指以上法定和特定减免税以外的其他减免税,即由国务院根据《海关法》及《进出口海关条例》对某个单位、某类商品、某个项目或某批进出口货物的特殊情况,给予特别照顾,一案一批,专文下达的减免税 2. 一般有单位、品种、期限、金额或数量等限制,不能比照执行

5.2 关税纳税业务处理

5.2.1 关税纳税处理规定

1. 关税的计税依据

关税以进出口货物的价格为计税依据。进出口货物的价格应当等于进出口货物数量乘以单位完税价格。进出口货物的完税价格,由海关以该货物的成交价格为基础审查确定。成交价格不能确定时,由海关依法估定。实际成交价格是一般贸易项下进口或出口货物的买方为购买该项货物向卖方实际支付或者应当支付的价格。

2. 关税的完税价格

关税的完税价格指海关根据有关规定对进出口货物进行审定或估定后通过估价确定的价格,它是海关征收关税的依据。关税的完税价格一般包括进口货物的完税价格和出口货物的完税价格。

(1)进口货物的完税价格

进口货物的完税价格主要包括一般进口货物的完税价格和特殊进口货物的完税价格。

一般进口货物确定完税价格的方法包括以成交价格为基础的完税价格和进口货物海关估价方法两种。具体说明见表5-4。

表5-4　一般进口货物确定完税价格的方法

确定方法	具体说明
以成交价格为基础的确定方法	根据《海关法》规定,一般贸易项下进口货物的完税价格包括货物的货价、货物运抵我国境内输入地点起卸前的运输及其相关费用、保险费 货物的货价以成交价为基础,进口货物的成交价格指买方为进口该货物向卖方实付或应付的按照规定调整后的价款总额
进口货物海关估价方法	当进口货物的价格不符合成交价格条件或者成交价格不能确定时,该货物的完税价格应当由海关估定 相同货物成交价格估计方法:以该进口货物同时或大约同时(在海关接受申报进之日的前后各45天以内)进口的相同货物的成交价格为基础,估定进口货物的完税价格 类似货物成交价格估计方法:以与该进口货物同时或大约同时进口的类似货物的成交价格为基础,估定进口货物的完税价格 倒扣价格估计方法:以该进口货物、相同或类似进口货物在境内销售的价格为基础估定进口货物的完税价格 计算价格估计方法:按包括生产该货物所使用的原材料成本和加工费用,与向境内销售同等级或同种类货物的利润和一般费用,货物运抵境内输入地点起卸前的运费及相关费用、保险费等各项费用总和计算出的价格,计算进口货物的完税价格 合理估计方法:指海关根据《完税价格办法》规定的估价原则,以在境内获得的数据资料为基础估定进口货物完税价格的其他方法

特殊进口货物的完税价格确定方法说明见表5-5。

表 5-5 特殊进口货物的完税价格确定方法

特殊进口货物	完税价格确定方法
加工贸易内销货物	进口时需征税的进料加工料件,以该料件进口成交的价格为基础审查确定完税价格 来料加工进口料件或其制成品(包括残次品)申报内销时,海关按照接受内销申报的同时或大约同时进口的、与料件相同或类似的货物的进口成交价格为基础审查确定完税价格 加工贸易企业加工过程中产生的边角料或副产品申报内销时,海关以其内销价格为基础审查确定完税价格
保税区、出口加工区货物	从保税区或出口加工区销往区外、从保税仓库出库内销的进口货物(加工贸易进口料件及其制成品除外),以海关审定的价格估定完税价格 对经审核销售价格不能确定的,海关应当按照一般进口货物估价办法的规定,固定完税价格 如果销售价格中没有包括在保税区、出口加工区或保税区仓库中发生的运输、仓储及其他相关费用,应当按照客观量化的数据资料计入完税价格
运往境外修理的货物	运往境外修理的机械器具、运输工具或其他货物,出境时已向海关报明,并在海关规定期限内复运进境的,应当以海关审定的境外修理费和料件费为完税价格
运往境外加工的货物	运往境外加工的货物,出境时已向海关报名,并在海关规定期限内复运进境的,应当以海关审定的境外加工费和料件费,以及该货物复运进境的运输及其相关费用、保险费为完税价格
暂时进境货物	对于海关批准的暂时进境的货物,应当按照一般进口货物估价办法的规定估定完税价格,经海关批准留购的暂时进境货物,以海关审查确定的留购价格为完税价格
租赁方式进口货物	租赁方式进口的货物中,以租金方式对外支付的租赁货物,在租赁期间以海关审定的租金作为完税价格;留购的租赁货物,以海关审定的留购价格为完税价格;承租人申请一次性缴纳税款的,经海关同意,按照一般进口货物估价办法的规定固定完税价格
留购的进口货物等	对于境内留购的进口货样、展览品和广告陈列品,以海关审定的留购价作为完税价格
予以补税的减免税货物	减免税进口的货物需予补税时,应当以海关审定的该货物原进口时的价格,扣除折旧部分价值作为完税价格,其计算公式为:完税价格=海关审定的该货物原进口时的价格×[1−审报补税时实际已使用的时间(月)÷(监管年限×12)]
以其他方式进口的货物	以易货贸易、寄货、捐赠、赠送等其他方式进口的货物,应当按照一般进口货物估价办法的规定,估定完税价格

(2)出口货物的完税价格

出口货物确定完税价格的方法包括以成交价格为确定基础和出口货物

海关估价方法两种。具体说明见表5-6。

表5-6 出口货物确定完税价格的方法

确定方法	具体说明
以成交价格为基础的完税价格	出口货物的完税价格,由海关以该货物向境内销售的成交价格为基础审查确定,并应包括货物运至我国境内输出地点装载前的运输及相关费用、保险费,但其中包含的关税税额应当扣除
出口货物海关估价方法	当出口货物的价格不符合成交价格条件或者成交价格不能确定时,该货物的完税价格应当由海关依次按下列方法固定 同时或大约同时向同一国家或地区出口的相同货物的成交价格→同时或大约同时向同一国家或地区出口的类似货物的成交价格→根据境内生产相同或类似货物的成本、利润和一般费用、境内发生的运输及相关费用、保险费计算所得的价格→按照合理方法固定的价格

3. 应纳税额的计算

关税应纳税额的计算主要包括从价关税、从量关税、复合关税和滑准关税,其各自的计算方法说明见表5-7。

表5-7 关税税款的计算方法说明表

计算方法	具体说明
从价关税计算方法	从价税额的计算公式 应纳税额＝应税进出口货物数量×单位完税价格×适用税率
从量关税计算方法	从量税额的计算公式 应纳税额＝应税进口货物数量×关税单位税额
复合关税计算方法	我国目前实行的复合税都是先计征从量关税,再计征从价关税 混合税额的计算公式 应纳税额＝应税进口货物数量×关税单位税额＋应税进口货物数量×单位完税价格×适用税率
滑准关税的计算方法	滑准税额计算公式 应纳关税税额＝应税进(出)口的货物数量×单位完税价格×滑准税税率

5.2.2 关税纳税处理示范

1. 进口关税纳税处理示范

(1)从价关税的纳税处理示范

【示范5-1】国内某远洋渔业企业从美国购进柴油船用发动机3台,成交价格合计为680 000美元(到岸价格)。经批准该发动机进口关税税率为

10%。已知适用中国银行的外汇折算价为 1 美元＝人民币 6.056 6 元,计算应征进口关税。

【解析】该企业应进行如下纳税处理。

① 经核定关税的完税价格＝680 000(美元),折算成人民币＝680 000×6.056 6＝4 118 488(元)。

② 应纳进口关税税额＝完税价格×进口关税税率＝4 118 488×10%＝411 848.8(元)

(2)从量关税的纳税处理示范

【示范 5-2】内地某公司从香港特别行政区购进日本产的柯达彩色胶卷50 400 卷(宽度 35 毫米,长度 1.8 米),成交价格为 10.00 港币/卷(到岸价格),假设 1 港币＝人民币 0.781 8 元;以规定单位换算表折算,规格"135/36"的彩色胶卷 1 卷＝0.057 75 平方米关税税率适用最惠国税率,税率为26.00 元/平方米,计算应征进口关税。

【解析】该企业应进行如下纳税处理。

① 确定其实际进口量＝50 400 卷×0.057 75 平方米/卷
＝2 910.6(平方米)。

② 审定完税价格为 504 000 港币,将港币总价格折算成人民币为394 027.2元。

③ 应纳进口关税税额＝货物数量×单位税额
＝2 910.6×26.00＝75 675.60(元)

(3)复合关税的纳税处理示范

【示范 5-3】国内某公司 2022 年 1 月份从新加坡购进非特种用途的广播级电视摄像机 40 台,其中有 20 台成交价格为 4 000 美元/台(到岸价格),其余 20 台成交价格为 5 200 美元/台(到岸价格),假设 1 美元＝人民币 6.056 6 元,根据《中华人民共和国进出口税则(2022)》公告,关税税率适用协定税率,完税价格不高于 5 000 美元/台,关税税率为单一从价税率 20.9%;完税价格高于 5 000 美元/台,关税税率为 3%,加征 7 249.5 元从量税。计算应征进口关税。

【解析】该企业应进行如下纳税处理。

① 确定后成交价格分别合计为 80 000 美元(每台 4 000 美元的 20 台)

和 104 000 美元(每台 5 200 美元的 20 台);将外币价格折算成人民币分别为 484 528 元和 629 886.4 元。

② 按照计算公式分别计算进口关税税款。

20 台单一从价进口关税税额＝完税价格×关税税率

$$=484\ 528×20.9\%$$

$$=101\ 266.352(元)$$

20 台复合进口关税税额＝货物数量×单位税额＋完税价格×关税税率

$$=20×7\ 249.5+629\ 886.4×3\%$$

$$=144\ 990+18\ 896.592$$

$$=163\ 886.592(元)$$

40 台合计进口关税税额＝从价进口关税税额＋复合进口关税税额

$$=101\ 266.352+163\ 886.592$$

$$=265\ 152.944(元)$$

(4)滑准关税的纳税处理示范

【示范 5-4】某加工生产企业内销一批配额外未梳棉花 1 吨,原产地为美国,成交价格为 CIF 某口岸 1 000 美元/吨。企业已向海关提交由国家发展改革委授权机构出具的"关税配额外优惠关税税率进口棉花配额证",经海关审核确认后,征收滑准关税。假设 1 美元＝人民币 6.056 6 元,计算应征进口关税税款。(根据《中华人民共和国进出口税则(2022)》公告规定:当进口棉花完税价格高于或等于 14.000 元/千克时,按 0.280 元/千克计征从量税;当进口棉花完税价格低于 14.000 元/千克时,暂定从价税率按下式计算:$Ri=9.0÷Pi+2.69\%×Pi-1$;对上式计算结果四舍五入保留 3 位小数。其中 Ri 为暂定从价税率,当按上式计算值高于 40% 时,Ri 取值 40%;Pi 为关税完税价格,单位为元/千克。)

【解析】该企业应进行如下纳税处理。

① 确定关税税率,审定完税价格 1 000×6.056 6＝6 056.6 元/吨,折算后每千克为 6.057 元,将此完税价格与 14.000 元/千克作比较,鉴于 6.057 元/千克低于 14.000 元/千克,该进口货物原产国适用最惠国税率,根据上述规定,计算该货物的暂定关税税率。

$$暂定关税税率＝9.0÷完税价格＋2.69\%×完税价格－1$$
$$＝9.0÷6.057＋2.69\%×6.057－1$$
$$＝0.649$$

② 该滑准关税税率计算后为64.9%，大于40%，按照40%计算的关税税率计征关税。

③ 应征进口关税税额＝完税价格×暂定关税税率
$$＝6\ 056.6×40\%$$
$$＝2\ 422.64(元)$$

此部分关税率参照《中华人民共和国进出口税则(2022)》。

(5)予以补税的减免税货物纳税处理示范

【示范5-5】2015年10月1日，某企业因承担国家重要工程项目，经批准免税进口一套电子设备。使用3年后项目完工，2018年9月30日，该企业将该设备出售给了国内另外一家企业。该电子设备的到岸价格折合为400万元人民币，关税税率为10%，海关规定的监管年限为5年。计算该企业应征进口关税税款。

【解析】该企业应进行如下纳税处理。

① 关税完税价格＝海关审定该货物原进口价格×

$$\left(1-\frac{申报补税时实际已使用的时间(月)}{监管年限×12}\right)$$

$$＝400×\left(1-\frac{36}{5×12}\right)＝160(万元)$$

② 应纳进口关税税额＝关税完税价格×进口关税税率
$$＝160×10\%＝16(万元)$$

2. 出口关税纳税处理示范

【示范5-6】国内某企业从广州出口硅铁一批，申报成交价格为FOB(离岸价)广州黄埔港8 705.50美元，假设1美元＝人民币6.056 6元，计算出口关税，假定出口税率为25%。

【解析】该企业应进行如下纳税处理。

① FOB(离岸价)为8 705.50美元。

② 将外币价格折算成人民币为52 725.73元。

③ 出口关税税额＝[成交价格÷(1＋出口关税税率)]×出口关税税率

$$=[52\ 725.73\div(1+25\%)]\times25\%$$
$$=42\ 180.58\times25\%$$
$$=10\ 545.15(元)$$

5.2.3　关税征收管理

目前,我国关税征收管理依据的是 2005 年 3 月 1 日起实施的《中华人民共和国海关进出口货物征税管理办法》(海关总署令第 124 号)。

1. 关税缴纳

进口货物自运输工具申报进境之日起 14 日内,出口货物在货物运抵海关监管区后装货的 24 小时以前,应由进出口货物的纳税义务人向货物进(出)境地海关申报,海关根据税则归类和完税价格计算应缴纳的关税和进口环节代征税,并填发税款缴款书。纳税义务人应当自海关填发税款缴款书之日起 15 日内,向指定银行缴纳税款。经海关同意,进出口货物的纳税义务人可以在设有海关的指运地(起运地)办理海关申报、纳税手续。

纳税人因不可抗力或者国家税收政策调整不能按期缴纳税款的,依法提供税款担保后,可以直接向海关办理延期缴纳税款手续。延期纳税最长不超过 6 个月。

2. 关税的强制执行

纳税义务人未在关税缴纳期限内缴纳税款,即构成关税滞纳。滞纳金自关税缴纳期限届满之日起,至纳税义务人缴清关税之日止,按滞纳税款万分之五的比例按日征收,周末或法定节假日不予扣除。具体计算公式为:

关税滞纳金金额=滞纳关税税额×滞纳金征收比率×滞纳天数

滞纳金的起征点为 50 元。

如纳税义务人自缴款期限届满之日起 3 个月仍未缴纳税款,经海关关长批准,海关可以采取强制扣缴、变价抵缴等强制措施。强制扣缴,即海关从纳税义务人在开户银行或者其他金融机构的存款中直接扣缴税款。变价抵缴,即海关将应税货物依法变卖,以变卖所得抵缴税款。

3. 关税退还

关税退还是关税纳税义务人按海关核定的税额缴纳关税后,因某种原因的出现,海关将实际征收多于应当征收的税额退还给原纳税义务人的一种行政行为。

根据《海关法》规定,海关发现多征税款的,应当立即通知纳税义务人办理退税手续,纳税义务人应当自收到海关通知之日起 3 个月内办理有关退税手续。

规定有下列情形之一的,纳税人可自纳税交款之日起 1 年内,书面向海关申请退税。

①因海关误征,多纳税款的。

②海关核准免验进口的货物,在完税后,发现有短卸情形,经海关审查认可的。

③已征出口关税的货物,因故未将其运出口,申报退关,经海关查验属实的。

④对已征出口关税的出口货物和已征进口关税的进口货物,因货物品质或规格原因(非其他原因)原状复运进境或出境的,经海关查验属实的。

4. 关税补征和追征

《海关法》根据短征关税的原因,将海关征收原短征关税的行为分为补征和追征两种。由于纳税人违反海关规定造成短征关税的,称为追征;非因纳税人违反海关规定造成短征关税的,称为补征。

根据《海关法》规定,进出境货物和物品放行后,海关发现少征或者漏征税款的,应当自缴纳税款或者货物、物品放行之日起 1 年内,向纳税义务人补征;因纳税义务人违反规定而造成的少征或者漏征的税款,自纳税义务人应缴纳税款之日起 3 年以内可以追征,并从缴纳税款之日起按日加收少征或者漏征税款万分之五的滞纳金。

5. 关税纳税争议

纳税人因关税缴纳问题与海关发生争议,纳税人应当自海关填发税款缴款书之日起 30 日内,向原征税海关的上一级海关书面申请复议。逾期申请复议的,海关不予受理。海关应当自接到复议申请之日起 60 日内做出复议决定。并以复议决定书的形式正式答复纳税人。纳税人对上一级海关的复议决定仍不服的,自收到复议决定之日起 15 日内,可以向人民法院提起诉讼。

第6章

示范——契税纳税业务操作

6.1 缴纳契税必会事项

契税是以所有权发生转移变动的不动产为征税对象,向产权承受人征收的一种财产税。我国现行契税的基本规范,是 1997 年 7 月 7 日国务院颁布并于同年 10 月 1 日开始实施的《中华人民共和国契税暂行条例》(以下简称《契税暂行条例》)。

6.1.1 契税纳税义务人

契税的纳税义务人是中华人民共和国境内转移土地、房屋产权的承受的单位和个人。具体说明如下。

① 境内指中华人民共和国实际税收行政管辖范围内。

② 土地、房屋权属指土地使用权和房屋所有权。

③ 单位指企业单位、事业单位、国家机关、军事单位和社会团体以及其他组织。

④ 个人指个体经营者及其他个人,包括中国公民和外籍人员。

6.1.2 征税对象与税率

1. 征税对象

契税的征税对象是在境内转移土地、房屋权属。具体说明见表 6-1。

表 6-1　契税的征税对象

征税对象	具体说明
国有土地使用权出让	指土地使用者向国家交付土地使用权出让费用,国家将国有土地使用权在一定年限内让与土地使用者的行为
土地使用权转让	指土地使用者以出售、赠与、交换或者其他方式将土地使用权转移给其他单位和个人的行为 土地使用权的转让不包括农村集体土地承包经营权的转移
房屋买卖	即以货币为媒介,出卖者向购买者过度房产所有权的交易行为 以下几种特殊情况,视同买卖房屋: 1. 以房抵债或实物交换房屋 2. 以房产作为投资或作为股权转让 3. 买房拆料或翻新房屋
房屋赠与	指房屋产权所有人将房屋无偿转让给他人所有。其中,将自己的房屋转交给他人的法人和自然人,称作房屋赠与人;接受他人房屋的法人和自然人,称为受赠人。房屋赠与的前提必须是产权无纠纷,赠与人和受赠人双方自愿
房屋交换	指房屋所有者之间相互交换房屋的行为
承受国有土地使用权支付的土地出让金	对承受国有土地使用权所应支付的土地出让金,要计征契税。不得因减免土地出让金而减免契税

2. 税率

契税实行 3%～5% 的幅度税率。契税的适用税率,由各省、自治区、直辖市人民政府可以在 3%～5% 的幅度税率规定范围内,按照本地区的实际情况决定。

自 2016 年 2 月 22 日起,对个人购买家庭唯一住房(家庭成员范围包括购房人、配偶以及未成年子女),面积为 90 平方米以下的,减按 1% 的税率征税契税;面积为 90 平方米以上的,减按 1.5% 的税率征税契税。对个人购买家庭第二套改善性住房,面积为 90 平方米以下的,减按 1% 的税率征税契税;面积为 90 平方米以上的,减按 2% 的税率征税契税。北京、上海、广州、深圳不实行本条优惠政策,即第二套及以上住房,一律按照正常税率纳税。

6.1.3　契税的税收优惠

契税的税收优惠主要包括一般规定和特殊规定两种。

1. 一般规定

① 国家机关、事业单位、社会团体、军事单位承受土地、房屋用于办公、

教学、医疗、科研和军事设施的,免征契税。

② 城镇职工按规定第一次购买公有住房的,免征契税。

③ 因不可抗力灭失住房而重新购买住房的,酌情准予减征或免征契税。

④ 土地、房屋被县级以上人民政府征用、占用后,重新承受土地、房屋权属的,由省级人民政府确定是否减免。

⑤ 承受荒山、荒沟、荒丘、荒滩土地使用权,并用于农、林、牧、渔业生产的,免征契税。

⑥ 经外交部确认,依照我国有关法律规定以及我国缔结或参加的双边和多边条约或协定,应当予以免税的外国驻华使馆、领事馆、联合国驻华机构及其外交代表、领事官员和其他外交人员承受土地、房屋权属。

2. 特殊规定

2018 年 1 月 1 日起至 2020 年 12 月 31 日,企事业单位改制重组过程中涉及的契税,按表 6-2 所示规定执行。

表 6-2 契税企事业优惠政策

项目	具体情况
企业改制	企业整体改制,包括非公司企业改制为有限责任公司或股份有限公司,有限责任公司与股份有限公司之间变更,原企业投资主体存续并在改制(变更)后的公司中所持股权(股份)比例超过 75%,且改制(变更)后公司承继原企业权利、义务的,对改制(变更)后公司承受原企业土地、房屋权属,免征契税
事业单位改制	事业单位按照国家有关规定改制为企业,原投资主体存续并在改制后企业中出资(股权、股份)比例超过 50%的,对改制后企业承受原事业单位土地、房屋权属,免征契税
企业合并	两个或两个以上的企业,依照法律规定、合同约定,合并为一个企业,且原投资主体存续的,对合并后企业承受原合并各方土地、房屋权属,免征契税
企业分立	企业依照法律规定、合同约定分立为两个或两个以上与原企业投资主体相同的企业,对分立后企业承受原企业土地、房屋权属,免征契税
企业破产	企业依照有关法律法规规定实施破产,债权人(包括破产企业职工)承受破产企业抵偿债务的土地、房屋权属,免征契税;对非债权人承受破产企业土地、房屋权属,凡按照《中华人民共和国劳动法》等国家有关法律法规政策妥善安置原企业全部职工规定,与原企业全部职工签订服务年限不少于三年的劳动用工合同的,对其承受所购企业土地、房屋权属,免征契税;与原企业超过 30%的职工签订服务年限不少于三年的劳动用工合同的,减半征收契税

项目	具体情况
资产划转	对承受县级以上人民政府或国有资产管理部门按规定进行行政性调整、划转国有土地、房屋权属的单位,免征契税 同一投资主体内部所属企业之间土地、房屋权属的划转,包括母公司与其全资子公司之间、同一公司所属全资子公司之间,同一自然人与其设立的个人独资企业、一人有限公司之间土地、房屋权属的划转,免征契税 母公司以土地、房屋权属向其全资子公司增资,视同划转,免征契税
债权转股权	经国务院批准实施债权转股权的企业,对债权转股权后新设立的公司承受原企业的土地、房屋权属,免征契税
划拨用地出让或作价出资	以出让方式或国家作价出资(入股)方式承受原改制重组企业、事业单位划拨用地的,不属上述规定的免税范围,对承受方应按规定征收契税
公司股权(股份)转让	在股权(股份)转让中,单位、个人承受公司股权(股份),公司土地、房屋权属不发生转移,不征收契税

6.2 契税纳税业务处理

6.2.1 契税纳税处理规范

1. 计税依据

契税的计税依据为不动产的价格。

由于土地、房屋权属转移方式不同,定价方法不同,因而具体计税依据视不同情况而决定。具体可归结为五种,见表6-3。

表6-3 契税计税依据

具体情形	计税依据
国有土地使用权出让、土地使用权出售、房屋买卖	以成交价格为计税依据
土地使用权赠与、房屋赠与	由征收机关参照土地使用权出售、房屋买卖的市场价格核定
土地使用权交换、房屋交换	为所交换的土地使用权、房屋的价格的差额 交换价格相等时,免征契税;交换价格不等时,由多交付的货币、实物、无形资产或其他经济利益的一方缴纳契税
以划拨方式取得土地使用权,经批准转让房地产时	由房地产转让者补缴契税,计税依据为补缴的土地出让金
个人无偿赠与不动产行为	应对受赠人(法定继承人除外)全额征收契税

2. 应纳税额的计算

契税采用比例税率。应纳税额的计算公式为：

$$应纳税额＝计税依据×税率$$

契税应纳税额以人民币计算。转移土地、房屋权属以外汇结算的，应以纳税义务发生当日人民银行公布的市场汇价中间价折算成人民币计算。

6.2.2 契税纳税处理示范

1. 企业合并时

【示范 6-1】甲企业购买了乙企业（个人独资合伙企业）全部资产和债务，实现了合并。乙企业房产、土地的评估价值为 4 500 000 元，假设当地规定的契税税率为 4%。

【解析】该企业应进行如下纳税处理。

根据财税〔2003〕184 号文件规定，两个或两个以上的企业，依据法律规定、合同约定，合并改建为一个企业，对其合并后的企业承受原合并各方的土地、房屋权属，免征契税。本示范中由于乙企业是个人独资合伙企业，所以甲企业取得乙企业的房产、土地应缴纳契税。

甲企业应缴纳的契税＝4 500 000×4%＝180 000（元）

2. 企业分立时

【示范 6-2】甲企业分立为乙企业和丙企业。甲企业原有张某、李某、王某和林某四名股东，分立后乙企业股东为张某和李某，丙企业股东为王某和林某。甲企业原有房产、土地的评估价值为 8 000 000 元，分立后乙企业和丙企业各取得房产、土地 4 000 000 元，假定当地规定的契税税率为 4%。

【解析】该企业应进行如下纳税处理。

根据财税〔2003〕184 号文件规定，企业依照法律规定，合同约定分设为两个或两个以上投资主体相同的企业，对派生方、新设方承受原企业土地、房屋权属，不征收契税。由于本示范中分立后的新设企业与被分立企业的投资主体不完全相同，所以乙企业和丙企业取得原甲企业房产、土地，应当分别缴纳契税。

乙企业应缴纳的契税＝4 000 000×4%＝160 000（元）

丙企业应缴纳的契税＝4 000 000×4%＝160 000（元）

第7章

示范——房产税纳税业务操作

7.1 缴纳房产税必会事项

房产税是以房产为征税对象,以房产价格或房产租金收入为依据,分别按从价计征或从租计征的计税办法计算,向产权所有人或经营人征收的一种税。

我国现行房产税的基本规范是由国务院于 1986 年 9 月 15 日颁布并于同年 10 月 1 日起实施的《中华人民共和国房产税暂行条例》(以下简称《房产税暂行条例》)。

7.1.1 房产税的纳税义务人

房产税的纳税人包括产权所有人、经营管理单位、承典人、房产代管人或者使用人,具体说明见表 7-1。

表 7-1 房产税纳税义务人

纳税义务人	具体说明
经营管理单位	产权属国家所有的,由经营管理单位纳税 产权属集体和个人所有的,由集体单位和个人纳税
产权所有人	产权属集体或个人所有的,由集体单位或者个人纳税,即产权所有人为纳税人 产权所有人,简称"产权人"或者"业主",指拥有房产的使用、收益、出卖和赠送等权利的单位和个人 房屋出租,承租人使用房产,以支付修理费抵交房产租金的,仍应由房产的产权所有人依照规定缴纳房产税

纳税义务人	具体说明
承典人	产权出典的,由承典人纳税,即承典人为纳税人。产权出典指产权所有人在急需资金,又指望保留产权回赎权的情况下,将房屋、生产资料等产权,在一定期限内典当给他人使用,而取得资金的一种融资业务 产权所有人称为出典人,接受房产典当的单位或个人称为承典人
代管人或者使用人	产权所有人、承典人不在房产所在地的,或者产权未确定及典租纠纷未解决的,由房产代管人或者使用人纳税,即代管人或者使用人为纳税人 代管人指接受产权所有人、承典人的委托代为管理房产或虽未委托而在事实上已代为管理房产的人
无租房产使用人	纳税单位或者个人无租使用房产管理部门、免税单位及纳税单位的房产,应由使用人代为缴纳房产税 需要注意的是,外商投资企业和外国企业暂不缴纳房产税

7.1.2 征税范围及征税对象

1. 征税范围

房产税的征税范围为城市、县城、建制镇和工矿区。具体说明见表7-2。

表7-2 房产税征税范围

征税范围	具体说明
城市	指经国务院批准设立的市。城市的征税范围为市区、郊区和市辖县城,不包括农村
县城	指未设立建制镇的县人民政府所在地的地区
建制镇	指经省、自治区、直辖市人民政府批准设立的建制镇。建制镇的征税范围为镇人民政府所在地,不包括所辖的行政村
工矿区	指工商业比较发达,人口比较集中,符合国务院规定的建制镇标准但尚未设立建制镇的大中型工矿企业所在地。开征房产税的工矿区须经省、自治区、直辖市人民政府批准

注意事项

◆ 房产税的征税范围不包括农村。农村的农民居住用房和农副业生产用房,均不属于房产税的征收范围。税法规定对农村房屋不纳入房产税征收范围,主要目的是减轻农民负担,发展农业,发展农村经济,有利于社会稳定。

2. 征税对象

房产税的征税对象是房产。房产指有屋面和围护结构(有墙或两边有柱),能够遮风避雨,可供人们在其中生产、学习、工作、娱乐、居住或储藏物资的场所。独立于房屋之外的建筑物,如围墙、水塔、变电塔、酒窖、菜窖、室外游泳池、玻璃暖房等,不属于房屋,即不属于房产税的征税对象。

7.1.3 房产税优惠政策说明

根据《房产税暂行条例》的规定,目前与企业相关的房产税优惠政策主要包括以下 21 项。

①国家机关、人民团体、军队自用的房产免征房产税。但上述免税单位的出租房产不属于免税范围。

②由国家财政部门拨付事业经费的单位自用的房产免征房产税。但如学校的工厂、商店、招待所等应照章纳税。

③宗教寺庙、公园、名胜古迹自用的房产免征房产税。但经营用的房产不免。

④个人所有非营业用的房产免征房产税。但个人拥有的营业用房或出租的房产,应照章纳税。

⑤对行使国家行政管理职能的中国人民银行总行所属分支机构自用的房地产,免征房产税。

⑥从 2001 年 1 月 1 日起,对个人按市场价格出租的居民住房,用于居住的,可暂减按 4%的税率征收房产税。

⑦经财政部批准免税的其他房产。

⑧老年服务机构自用的房产免税。

⑨损坏不堪使用的房屋和危险房屋,经有关部门鉴定,在停止使用后,可免征房产税。

⑩纳税人因房屋大修导致连续停用半年以上的,在房屋大修期间免征房产税,免征税额由纳税人在申报缴纳房产税时自行计算扣除,并在申报表附表或备注栏中做相应说明。

⑪在基建工地为基建工地服务的各种工棚、材料棚、休息棚和办公室、食堂、茶炉房、汽车房等临时性房屋,在施工期间,一律免征房产税。但工程结束后,施工企业将这种临时性房屋交还或估价转让给基建单位的,应从基建单位减收的次月起,照章纳税。

⑫为鼓励地下人防设施,暂不征收房产税。

⑬从 1988 年 1 月 1 日起,对房管部门经租的居民住房,在房租调整改革

之前收取租金偏低的,可暂缓征收房产税。对房管部门经租的其他非营业用房,是否给予照顾,由各省、自治区、直辖市根据当地具体情况按税收管理体制的规定办理。

⑭对高校后勤实体免征房产税。

⑮对非营利性的医疗机构、疾病控制机构和妇幼保健机构等卫生机构自用的房产,免征房产税。

⑯从 2001 年 1 月 1 日起,对按照政府规定价格出租的公有住房和廉租住房,包括企业和自收自支的事业单位向职工出租的单位自有住房,房管部门向居民出租的私有住房等,暂免征收房产税。

⑰对邮政部门坐落在城市、县城、建制镇、工矿区范围内的房产,应当依法征收房产税;对坐落在城市、县城、建制镇、工矿区范围以外的尚在县邮政局内核算的房产,在单位财务账中划分清楚的,从 2001 年 1 月 1 日起不再征收房产税。

⑱向居民供热并向居民收取采暖费的供热企业的生产用房,暂免征收房产税。这里的"供热企业"不包括从事热力生产但不直接向居民供热的企业。

⑲自 2006 年 1 月 1 日起至 2008 年 12 月 31 日,对为高校学生提供住宿服务并按高教系统收费标准收取租金的学生公寓,免征房产税。对从原高校后勤管理部门剥离出来而成立的进行独立核算并有法人资格的高校后勤经济实体自用的房产,免征房产税。

⑳2022 年 1 月 1 日至 2024 年 12 月 31 日,对增值税小规模纳税人、小型微利企业和个体工商户可以在 50% 的税额幅度内减征房产税。

㉑2023 年 12 月 31 日之前,对国家级、省级科技企业孵化器、大学科技园和国家备案众创空间自用以及无偿或通过出租等方式提供给在孵对象使用的房产、土地、免征房产税。

7.2 房产税纳税业务处理

7.2.1 房产税纳税处理规范

1. 房产税的计税依据

房产税的计税依据是房产的计税价值或者房产的租金收入。计税依据因采用从价计征和从租计征方式的不同而有所不同。具体说明如下。

(1)从价计征

从价计征指按照房产税价值征税。《房产税暂行条例》规定,房产税按照房产原值一次减除10%至30%后的余值计算缴纳。各地扣除比例由省、自治区、直销市人民政府确定。具体说明见表7-3。

表7-3 房产税从价计征计税规定

计征基础	具体说明
房产原值	房产原值指纳税人按照会计制度规定,在账簿"固定资产"科目中记载的房屋原价 凡按会计制度规定在账簿中记载有房屋原价的,应以房屋原价按规定减除一定比例后作为房产余值计征房产税 没有记载房屋原价的,按照上述原则,并参照同类房屋确定房产原值,按规定计征
房产余值	房产余值指依照税法规定按照房产原值一次减除10%至30%的损耗价值后的剩余价值 对于扣除比例,一定要按照由省、自治区、直辖市人民政府确定的比例执行

(2)从租计征

从租计征指按照房产租金收入征税。根据《房产税暂行条例》的有关规定,房产出租的,按房产租金收入为房产税的计税依据。

房屋的租金收入指房屋产权人出租房产使用权所取得的报酬,包括货币收入和实物收入。

注意事项

◆ 如果是以劳务或者其他形式作为报酬抵付房租收入的,应根据当地同类房产的租金水平,确定一个标准租金额,从租计征。

◆ 纳税人对个人出租房屋的租金收入,申报不实或申报数与同一地段同类房屋的租金收入相比不合理的,税务部门可以按照《税收征收管理法》的有关规定,采取科学合理的方法核定其应纳税款。具体办法由省、自治区、直辖市地方税务机关结合当地实际情况制定。

2. 房产税纳税核算说明

根据房产税法的规定,房产税的应纳税额实行从价定率计征,采用从价计征和从租计征两种方法。具体说明见表7-4。

表 7-4　房产税的核算方法

方法	计算公式
从价计征	应纳税额＝应税房产原值×(1－扣除比例)×1.2%
从量计征	应纳税额＝房产租金收入×12%(或4%) 个人出租住房按 4%

7.2.2　房产税纳税处理示范

(1)从价计征的纳税处理示范

【示范 7-1】某企业 2020 年度固定资产账面房产原值为 650 万元,均用于生产经营,不包括冷暖通风设备 20 万元。计算该企业年应缴纳的房产税。(该省规定房产原值一次减除比例为 30%)

【解析】该企业应进行如下纳税处理。

根据《房产税暂行条例》规定,房产税是按年征收,分期缴纳。按当地的减除比例后的余额计算,年税率为 1.2%。

$$年应纳税额＝固定资产(房产)账面原值×(1－减除比例)×1.2\%$$
$$＝(6\,500\,000＋200\,000)×(1－30\%)×1.2\%$$
$$＝56\,280(元)$$

(2)从租计征的纳税处理示范

【示范 7-2】某房地产开发企业将地处繁华路段的门面房出租,取得月收入租金 35 万元,计算该企业年应缴纳的房产税。

【解析】该企业应进行如下纳税处理。

根据《房产税暂行条例》规定,房产税是按年征收,分期缴纳。按租金收入的计算方法,是以实际收到的租金作为计税依据进行计算的,年税率为 12%。

$$年应纳税额＝房产租金收入×12\%$$
$$＝350\,000×12\%×12＝504\,000(元)$$

【示范 7-3】某企业有原值为 3 000 万元的房产,2021 年 1 月 1 日将其中的 40% 用于对外投资联营,投资期限 10 年,每年取得固定收入 60 万元,不承担投资风险。已知当地政府的扣除比例为 20%。

【解析】该企业应进行如下纳税处理。

该纳税人用于投资的房产部分，因其不承担投资风险，则应当按照租金收入从租计征房产税，且不再按照房产余值从价计征房产税。

应纳房产税税额＝应税房产原值×(1－扣除比例)×1.2%＋
　　　　　　　　房产租金收入×12%
　　　　　＝30 000 000×(1－40%)×(1－20%)×1.2%＋600 000×12%
　　　　　＝172 800＋72 000
　　　　　＝244 800(元)

第 8 章

示范——印花税纳税业务操作

8.1 缴纳印花税必会事项

印花税是以经济活动中签立的各种合同、产权转移书据、营业账簿、权利许可证照等应税凭证文件为对象所征的税。纳税人通过在文件上加贴印花税票，或者盖章来履行纳税义务。

我国现行的印花税的基本规范，是 1988 年 8 月 6 日国务院发布并于同年 10 月 1 日实施的《中华人民共和国印花税暂行条例》(以下简称《印花税暂行条例》)。

8.1.1 纳税义务人与税目

1. 纳税义务人

印花税的纳税义务人包括在中华人民共和国境内书立、使用、领受印花税法所列举凭证的各类企业、事业、机关、团体、部队以及中外合资企业、合作企业、外资企业、外国公司和其他经济组织及其在华机构等单位和个人。

纳税义务人的具体说明见表 8-1。

表 8-1　纳税业务人说明表

纳税义务人	具体说明
立合同人	各类合同的纳税人是立合同人 立合同人指合同的当事人，是对购销、加工承揽、建设工程承包、财产租赁、货物运输、仓储保管、借款、财产保险、技术合同或者具有合同性质的凭证享有权利并承担义务的单位和个人，但不包括合同的担保人、证人、鉴定人

纳税义务人	具体说明
立据人	产权转移书据的纳税人是立据人 立据人指产权转移书据当事人 产权转移书据指单位和个人产权的买卖、继承、赠与、交换、分割等所立的数据
立账簿人	营业账簿的纳税人是立账簿人 立账簿人指设立并使用营业账簿的单位和个人 营业账簿指单位或者个人记载生产经营活动的财务会计核算账簿
领受人	权利、许可证照的纳税人是领受人 领受人指领取或接受并持有权利、许可证照的单位和个人
使用人	使用人指在国外书立、领受，但在国内使用的应税凭证的当事人
各类电子应税凭证的签订人	各类电子应税凭证的签订人，即以电子形式签订的各类应税凭证的当事人 需要注意的是，凡由两方或者两方以上当事人共同书立应税凭证的，其当事人各方均为印花税的纳税人，应各就其所持凭证的计税金额履行纳税义务

2. 税目

印花税的税目指印花税法明确规定的应当纳税的项目。现行印花税只对《印花税暂行条例》列举的凭证征收，没有列举的凭证不征税。印花税的税目主要包括表 8-2 所示内容。

表 8-2　印花税税目说明表

序号	税目	征收范围	纳税人	说明
1	购销合同	供应、预购、采购、购销结合及协作、调剂、补偿、易货等合同	立合同人	—
2	加工承揽合同	加工、定做、修缮、修理、印刷、广告、测绘、测试等合同	立合同人	—
3	建设工程勘察设计合同	勘察、设计合同	立合同人	—
4	建筑安装工程承包合同	建筑、安装工程承包合同	立合同人	—
5	财产租赁合同	租赁房屋、船舶、飞机、机动车辆、机械、器具、设备等合同	立合同人	—
6	货物运输合同	民用航空运输、铁路运输、海上运输、内河运输、公路运输和联运合同	立合同人	单据作为合同使用的，按合同贴花
7	仓储运输合同	仓储、保管合同	立合同人	仓单或栈单作为合同使用的，按合同贴花

序号	税目	征收范围	纳税人	说明
8	借款合同	银行及其他金融组织和借款人（不包括银行同业拆借）所签订的借款合同	立合同人	单据作为合同适用的,按合同贴花
9	财产保险合同	财产、责任、保证、信用等保险合同	立合同人	单据作为合同适用的,按合同贴花
10	技术合同	技术开发、转让、咨询、服务等合同	立合同人	—
11	产权转移书据	财产所有权和版权、商标专用权、专利权、专有技术使用权等产权转移书据,土地使用权出让、转让合同和商品房销售合同	立据人	—
12	营业账簿	生产、经营用账册	立账簿人	—
13	权利、许可证照	政府部门发给的房屋产权证、工商营业执照、商标注册证、专利证、土地使用证	领受人	—

8.1.2 税率及其计税依据

1. 税率

根据印花税应纳税凭证性质的不同,印花税分别采用比例税率和定额税率。

(1)比例税率

印花税的比例税率分为四个档次,分别是 0.05‰、0.3‰、0.5‰、1‰。具体的适用范围见表 8-3。

表 8-3 比例税率各档次适用范围说明表

档次	税率	适用范围
1	0.05‰	借款合同
2	0.3‰	购销合同、建筑安装工程承包合同、技术合同
3	0.5‰	加工承揽合同、建设工程勘察设计合同、货物运输合同、产权转移书据、营业账簿中记载资金的账簿
4	1‰	财产租赁合同、仓储保管合同、财产保险合同

(2)定额税率

"权利、许可证照"和"营业账簿"税目中的其他账簿,适用定额税率,均为按件贴花,税额为 5 元。

2. 计税依据

印花税的计税依据为各种应税凭证上所记载的计税金额,具体规定见表 8-4。

表 8-4　计税依据说明表

税目	计税依据
购销合同	合同记载的购销金额
加工承揽合同	加工或承揽收入的金额
建设工程勘察设计合同	收取的费用
建筑安装工程承包合同	承包金额
财产租赁合同	租赁金额。经计算,税额不足 1 元的按 1 元贴花
货物运输合同	运输费金额,不包括所运货物的金额、装卸费和保险费等
仓储保管合同	仓储保管费用
借款合同	借款金额
财产保险合同	支付(收取)的保险费,不包括所保财产的金额
技术合同	合同所载的价款、报酬或使用费
产权转移书据	所载金额
营业账簿	记载资金的账簿的计税依据为"实收资本"与"资本公积"两项的合计金额
权利、许可证照	应税凭证件数

8.1.3　印花税的优惠政策

印花税的现行优惠政策主要是免税。具体的免税项目如下所示。

① 已缴纳印花税凭证的副本或者抄本免税。

② 财产所有人将财产赠给政府、社会福利单位、学校所立的书据免税。

③ 国家指定的收购部门与村民委员会、农民个人书立的农副产品收购合同免税。

④ 无息、贴息贷款合同免税。

⑤ 外国政府或者国际金融组织向我国政府及国家金融机构提供优惠贷款所书立的合同免税。

⑥ 对房地产管理部门与个人签订的用于生活居住的租赁合同免税。

⑦ 对农牧业保险合同免税。

⑧ 对特殊货运凭证免税。

⑨ 企业改制过程中享有印花税征免的其他情况。

2022 年 1 月 1 日至 2024 年 12 月 31 日,对增值税小规模纳税人、小型微利企业和个体工商户可以在50％的税额幅度内减征印花税(不含证券交易印花税)。

8.2 印花税纳税业务处理

8.2.1 印花税纳税处理规范

1. 应纳税额的计算

纳税人的应纳税额,根据应纳税凭证的性质,分别按比例税率或者定额税率计算。其计算公式为:

$$应纳税额＝应税凭证计税金额(或应税凭证件数)×适用税率$$

注意事项

◆ 以计税金额为计税依据,应当全额计税,不作任何扣除。

◆ 同一凭证记载两项以上经济事项适用不同税率的,应分别记载金额;没有分别记载的,按高税率计税。

◆ 按金额比例贴花的应税凭证未标明金额的,应按照凭证所载数量及国家牌价计算金额;没有国家牌价的,按市场价格计算。

◆ 应税凭证所载金额为外国货币的,按凭证书立当日国家外汇管理局公布的外汇牌价折合成人民币计税。

◆ 应纳税额不足1角的,免纳印花税;1角以上的,其税额尾数不满5分的不计,满5分的按1角计算。

◆ 有些合同在签订时无法确定计税金额,可在签订时先按定额5元贴花,以后结算时再按实际金额计税,补贴印花。

2. 印花税纳税违章处罚

印花税纳税违章处罚的相关规定,见表8-5。

表8-5 印花税纳税违章处罚的相关规定

序号	违章行为	处罚说明
1	在应纳税凭证上未贴或者少贴印花税票的或者已粘贴在应税凭证上的印花税票未注销或者未划销的	由税务机关追缴其不缴或者少缴的税款、滞纳金,并处不缴或者少缴的税款的50％以上、5倍以下的罚款

序号	违章行为	处罚说明
2	已贴用的印花税票揭下重用造成未缴或少缴印花税的	由税务机关追缴其不缴或者少缴的税款、滞纳金，并处不缴或者少缴的税款的50%以上、5倍以下的罚款；构成犯罪，依法追究刑事责任
3	伪造印花税票的	由税务机关责令改正，处以2 000元以上、1万元以下的罚款；情节严重的，处于1万元以上、5万元以下的罚款；构成犯罪的，依法追究刑事责任
4	未按期汇总缴纳印花税的	超过税务机关核定的纳税期限，未缴或少缴印花税款的，由税务机关追缴其不缴或少缴的税款、滞纳金，并处不缴或者少缴的税款50%以上、5倍以下的罚款；情节严重的，同时撤销其汇缴许可证，构成犯罪的，依法追究刑事责任
5	汇总缴纳印花税凭证时，未加注税务机关指定的汇缴戳记、编号	由税务机关责令限期改正，可以处2 000元以下的罚款；情节严重的，处以2 000元以上、1万元以下的罚款
6	纳税人未妥善保管纳税凭证的	
7	代售户对取得的税款逾期不缴或者挪作他用，或者违反合同将所领印花税票转托他人代售或者转至其他地区销售，或者未按规定详细提供领、售印花税票情况	税务机关可视其情节轻重，给予警告或者取消其代售资格的处罚

8.2.2　印花税纳税处理示范

【示范8-1】某企业年初开业，领受房产证、工商营业执照、商标注册证、土地使用证各1件，与其他企业订立转移专用技术使用权书据1件，所载金额250万元；订立产品销货合同1份，所载金额600万元；订立借款合同1份，所载金额80万元；订立财产保险合同1份，保险费金额3.6万元。此外，企业营业账簿中，资金账簿记载"实收资本"和"资本公积"两项合计金额为650万元；其他营业账簿4册。

【解析】该企业应进行如下纳税处理。

（1）按比例税率计算

① 产权转移证书据应纳税额为2 500 000×0.5‰＝1 250元。

② 销售合同应纳税额为6 000 000×0.3‰＝1 800元。

③ 借款合同应纳税额为 800 000×0.05‰＝40 元。

④ 财产保险合同应纳税额为 36 000×1‰＝36 元。

⑤ 资金账簿应纳税额为 6 500 000×0.5‰＝3 250 元。

(2)按定额税率计算

① 领受权利、许可证照 4 件,应纳税额为 4×5＝20 元。

② 其他营业账簿 4 册应纳税额为 4×5＝20 元。

因此,该企业应缴纳印花税额为 1 250＋1 800＋40＋36＋3 250＋20＋20＝6 416 元。

第9章

示范——车船税纳税业务操作

9.1 缴纳车船税必会事项

我国现行的车船税的基本规范,是 2011 年 2 月 25 日由中华人民共和国第十一届全国人民代表大会常务委员会第十九次会议通过,自 2012 年 1 月 1 日起施行的《中华人民共和国车船税法》(以下简称《车船税法》)。

车船税是以车船为征税对象,向拥有车船的单位和个人征收的一种税。征收车船税有利于地方政府筹集资金、管理车船及合理配置等。

9.1.1 纳税义务人与征税范围

1. 纳税义务人

在中华人民共和国境内,属于《车船税法》所附《车船税税目税额表》规定的车辆、船舶(以下简称车船)的所有人或者管理人,为车船税的纳税人,应当依照规定缴纳车船税。

2. 征税范围

车船税的征税范围指依法应当在我国车船管理部门登记的车船(除规定减免的车船外)。可分为车辆和船舶两大类,具体说明见表 9-1。

表 9-1 车船税征税范围说明表

征税范围	具体说明
车辆	车辆包括机动车辆和非机动车辆 机动车辆指依靠燃油、电力等能源作为动力运行的车辆,如汽车、拖拉机、无轨电车等 非机动车辆指依靠人力、畜力运行的车辆,如三轮车、自行车、畜力驾驶车等

续上表

征税范围	具体说明
船舶	船舶包括机动船舶和非机动船舶 机动船舶指依靠燃料等能源作为动力运行的船舶,如客轮、货船、气垫船等 非机动船舶指依靠人力或者其他力量运行的船舶,如木船、帆船、舢板等

9.1.2 车船税的税目以及税率

1. 税目

车船税实行有幅度的定额税率。国务院财政部门、税务主管部门可以根据实际情况,在《车船税税目税额表》规定的税目范围和税额幅度内,划分子税目,并明确车辆的子税目税额幅度和船舶的具体适用税额。车辆的具体适用税额由省、自治区、直辖市人民政府在规定的子税目税额幅度内确定。

2. 税率

车船税采用定额税率,即对征税的车船规定单位固定税额。车船税确定税额总的原则是:非机动车船的税负轻于机动车船;人力车的税负轻于畜力车;小吨位船舶的税负轻于大船舶。由于车辆与船舶的行使情况不同,车船税的税额也有所不同,具体说明见表9-2。

表 9-2 车船税的税目税额表

税　　目		计税单位	年基准税额	备　注
乘用车:按发动机汽缸容量(排气量)分档	1.0升(含)以下的	每辆	60元至360元	核定载客人数9人(含)以下
	1.0升以上至1.6升(含)的		300元至540元	
	1.6升以上至2.0升(含)的		360元至660元	
	2.0升以上至2.5升(含)的		660元至1 200元	
	2.5升以上至3.0升(含)的		1 200元至2 400元	
	3.0升以上至4.0升(含)的		2 400元至3 600元	
	4.0升以上的		3 600元至5 400元	
商用车	客车	每辆	480元至1 440元	核定载客人数9人以上,包括电车
	货车	整备质量每吨	16元至120元	包括半挂牵引车、三轮汽车和低速载货汽车等

税　目		计税单位	年基准税额	备　注
挂车	—	整备质量每吨	按照货车税额的50%计算	—
其他车辆	专用作业车	整备质量每吨	16元至120元	不包括拖拉机
	轮式专用机械车		16元至120元	
摩托车	—	每辆	36元至180元	—
船舶	机动船舶	净吨位每吨	3元至6元	拖船、非机动船舶分别按照机动船舶税额的50%计算
	游艇	艇身长度每米	600元至2 000元	—

9.1.3　车船税的优惠政策说明

车船税优惠政策主要包括法定减免和特定减免两种,具体说明见表9-3。

表9-3　车船税税收优惠政策说明表

优惠范围		具体说明
法定免税	捕捞、养殖渔船	捕捞、养殖渔船指在渔业船舶管理部门登记为捕捞船或者养殖船的渔业船舶,不包括在渔业船舶管理部门登记为捕捞船或者养殖船以外类型的渔业船舶
	军队、武警专用的车船	军队、武警专用的车船指按照规定在军队、武警车船管理部门登记,并领取军用牌照、武警牌照的车船
	警用车船	警用车船指公安机关、国家安全机关、监狱、劳动教养管理机关和人民法院、人民检察院领取警用牌照的车辆和执行警务的专用船舶
	其他车船	依照我国有关法律和我国缔结或者参加的国际条约的规定应当予以免税的外国驻华使馆、领事馆和国际组织驻华机构及其有关人员的车船
特定减免		对节约能源、使用新能源的车船可以减征或者免征车船税
		对受严重自然灾害影响纳税困难以及有其他特殊原因确需减税、免税的,可以减征或者免征车船税
		省、自治区、直辖市人民政府可以根据当地实际情况,对城市、农村公共交通车船给予定期减税、免税

9.2 车船税纳税业务处理

9.2.1 车船税纳税处理规范

1. 车船税的计税依据

车船税的计税依据说明如下所述。

① 纳税人在购买机动车交通事故责任保险时,应当向扣缴义务人提供地方税务机关出具的本年度车船税的完税凭证或者减免税证明。不能提供完税凭证或减免税证明的,应当在购买保险时按当地车船税税额标准计算缴纳车船税。

② 拖船按照发动机功率每2马力折合净吨位1吨计算征收车船税。

③ 涉及核定载客人数、自重、净吨位、马力等计税标准,以车船管理部门核发的车船等级证书或者行驶证书相应项目所载数额为准。纳税人未按照规定到车船管理部门办理登记手续的,上述计税标准以车辆出厂合格证明或者进口凭证相应项目所载数额为准;不能提供车辆出厂合格证明或者进口凭证的,由主管地方税务机关根据车船自身状况并参照同类车船核定。

④ 车船自重(整备质量)尾数在0.5吨以下(含0.5吨)的,按照0.5吨计算;超过0.5吨的,按照1吨计算。船舶净吨位尾数在0.5吨以下(含0.5吨)的不予计算,超过0.5吨的按照1吨计算。1吨以下的小型车船,一律按照1吨计算。

2. 应纳税额计算方法

(1)车船税款的计算

我国的车船税按年征收,纳税人在规定的申报纳税期限内一次缴纳全年税款。对购置的新车船,购置当年的应纳税额自纳税义务发生的当月起按月计算。车船税的应纳税额计算包括表9-4所示的八种情况,具体说明如下。

表 9-4　车船税的应纳税额计算说明表

车船情况	计算公式
乘用车、客车和摩托车	应纳税额＝辆数×适用年税率
货车、挂车和其他车辆	应纳税额＝自重吨位数×适用年税额
机动船舶	应纳税额＝净吨位数×适用年税额
游艇	应纳税额＝艇身长度米×适用年税额
购置的新车船	应纳税额＝年应纳税额÷12×应纳税月份数 （购置当年的应纳税额自纳税义务发生的当月起按月计算）
购买短期"交强险"的车辆	当年应缴车船税＝计税单位×年单位税额×应纳税月份数÷12 （应纳税月份数为交强险有效期起始日期的当月至截止日期当月的月份数）
税务机关已批准减税的车辆	减税车辆应纳税额＝减税前应纳税额×（1－减税幅度）
已向税务机关缴税或税务机关已批准免税的车辆	当年应缴车船税＝0

（2）补缴税款的计算

从 2008 年 7 月 1 日起，保险机构在代收代缴车船税时，应根据纳税人提供的前次保险单，查验纳税人以前年度的完税情况。对于以前年度有欠缴车船税的，保险机构应代收代缴以前年度应纳税款。具体说明见表 9-5。

表 9-5　欠缴车船税的车辆补缴税款的计算说明表

欠缴情况	计算公式及应税月份数的设定
2007 年 1 月 1 日前购置车辆或曾经缴纳过车船税的车辆	往年补缴＝计税单位×年单位税额×（本次缴税年度－前次缴税年度－1） 对 2007 年 1 月 1 日以前购置的车辆，纳税人从未缴纳车船税的，前次缴税年度设定为 2006
2007 年 1 月 1 日以后购置的车辆	往年补缴＝购置当年欠缴的税款＋购置年度以后欠缴税款 购置当年欠缴的税款＝$\dfrac{计税单位×年单位税额×应纳税月份数}{12}$ 购置年度以后欠缴税款＝计税单位×年单位税额×（本次缴税年度－车辆登记年度－1） 购置当年月份数的确定：车辆登记日期的当月起至该年度终了的月份数；若车辆尚未到车船管理部门登记，为购置日期的当月起至该年度终了的月份数

（3）滞纳金的计算

纳税人未按规定期限缴纳税款的，税务机关从滞纳税款之日起按日加收万分之五的滞纳金。对当年的逾期申报纳税，滞纳金从次年 1 月 1 日起计算。保险机构在代收代缴税款的同时，还应代收代缴欠缴税款的滞纳金。

其计算公式如下。

$$车船税滞纳金＝年应纳税额×5‰×逾期天数$$

其中,逾期应缴纳的税款金额为车船税本金加滞纳金。

9.2.2 车船税纳税处理示范

(1)车辆、船舶车船税的纳税处理示范

【示范9-1】某货运公司 2020 年拥有载货汽车 25 辆,自重吨位均为 20 吨;3 辆四门六座客货两用汽车,自重吨位为 3 吨;小轿车 2 辆。该公司所在省规定载货汽车年纳税额每吨 30 元,9 座以下乘人汽车年纳税额每辆 400 元。

【解析】该公司应进行如下纳税处理。

根据相关规定,客货两用汽车按载货汽车的计税单位和税额标准计征车船税。

① 载货汽车应纳车船税税额＝25×20×30＝15 000(元)

② 客货两用汽车应纳车船税税额＝3×3×30＝270(元)

③ 小轿车应纳车船税税额＝2×400＝800(元)

④ 该货运公司全年应纳车船税税额＝15 000＋270＋800＝16 070(元)

【示范9-2】某航运公司拥有机动船舶 35 艘,其中净吨位为 700 吨的 15 艘,3 000 吨的 11 艘,15 000 吨的 9 艘。700 吨的单位年税额 4 元,3 000 吨的单位年税额 5 元,15 000 吨的单位年税额 6 元。

【解析】该公司应进行如下纳税处理。

该航运公司全年应纳车船税税额＝净吨位数×适用单位年税额

$$＝15×700×4＋11×3\ 000×5＋9×$$
$$15\ 000×6$$
$$＝42\ 000＋165\ 000＋810\ 000$$
$$＝1\ 017\ 000(元)$$

(2)欠缴车船税车辆补缴的纳税处理示范

【示范9-3】甲企业在 2005 年 1 月买车时没有缴纳车船税,2009 年缴纳当年和往年车船税。2009 年为当年,2007、2008 为往年,计算该企业 2009 年应缴纳的车船税金额。假设该车的车船税为 380 元/年。

【解析】该企业应进行如下纳税处理。

对于 2007 年 1 月 1 日前购置的车辆或者曾经缴纳过车船税的车辆,往年补缴＝计税单位×年单位税额×(本次缴税年度－前次缴税年度－1),其中,对于 2007 年 1 月 1 日前购置的车辆,纳税人从未缴纳车船税的,前次缴税年度设定为 2006 年。

该企业往年补缴＝计税单位×年单位税额×(本次缴税年度－前次缴税年度－1)

$$=1×380×(2\ 009-2\ 006-1)$$
$$=760(元)$$

该企业 2009 年应缴车船税款＝380(元)

该企业 2009 年应共缴税款＝760＋380＝1 140(元)

【示范 9-4】某企业 2017 年 3 月购入轿车一辆,一直欠缴车船税。当地轿车车船税年税额 300 元。直至 2019 年上交强险时,计算该车应缴的车船税金额。

【解析】该企业应进行如下纳税处理。

对于 2007 年 1 月 1 日以后购置的车辆,纳税人从购置时起一直未缴纳车船税的,往年补缴＝购置当年欠缴的税款＋购置年度以后欠缴税款,其中,购置当年欠缴的税款＝计税单位×年单位税额×应纳税月份数÷12。应纳税月份数为车辆登记日期的当月起至该年度终了的月份数。若车辆尚未到车船管理部门登记,则应纳税月份数为购置日期的当月起至该年度终了的月份数。购置年度以后欠缴税款＝计税单位×年单位税额×(本次缴税年度－车辆登记年度－1)。

往年(2017 年、2018 年)补缴＝1×300×10÷12＋1×300×(2 019－2 017－1)＝550(元)

当年(2019 年)应缴金额＝300(元)

合计应纳税款＝550＋300＝850(元)

(3)滞纳金的纳税处理示范

【示范 9-5】某企业于 2017 年未对一辆排气量为 2.0 升的轿车缴纳车船税,该企业于 2018 年 1 月 30 日办理补缴,计算该企业 2017 年度应补缴的车船税金额及滞纳金。

【解析】该企业应进行如下纳税处理。

根据相关规定,纳税人未按规定期限缴纳税款的,税务机关从滞纳税款之日起按日加收万分之五的滞纳金。对当年的逾期申报纳税,滞纳金从次年1月1日起计算。

因此,车船税滞纳金=年应纳税额×0.5‰×逾期天数。

2017年应缴纳税款及滞纳金=420+420×0.5‰×30=426.3(元)

第 10 章

示范——资源税纳税业务操作

10.1 缴纳资源税必会事项

资源税是对在中华人民共和国领域和中华人民共和国管辖的其他海域开发应税资源的单位和个人征收的税种。我国现行的资源税法是于 2019 年 8 月 26 日第十三届全国人大常委会第十二次会议经表决,通过的《中华人民共和国资源税法》,此法自 2020 年 9 月 1 日起施行。

10.1.1 纳税人与计征方式

1. 纳税义务人

在中华人民共和国领域和中华人民共和国管辖的其他海域开发应税资源的单位和个人,为资源税的纳税人,应当依照本法规定缴纳资源税。

2. 计征方式

实行从价计征的,应纳税额按照应税资源产品的销售额乘以具体适用税率计算。

实行从量计征的,应纳税额按照应税产品的销售数量乘以具体适用税率计算。

3. 纳税地点

纳税人应当向应税产品开采地或者生产地的税务机关申报缴纳资源税。

4. 纳税义务发生时间

纳税人销售应税产品,纳税义务发生时间为收讫销售款或者取得索取销售款凭据的当日;自用应税产品的,纳税义务发生时间为移送应税产品的当日。

5. 纳税期限

资源税按月或者按季申报缴纳;不能按固定期限计算缴纳的,可以按次申报缴纳。

纳税人按月或者按季申报缴纳的,应当自月度或者季度终了之日起十五日内,向税务机关办理纳税申报并缴纳税款;按次申报缴纳的,应当自纳税义务发生之日起十五日内,向税务机关办理纳税申报并缴纳税款。

10.1.2 税目、税率及单位税额

资源税的税目已有 164 个,涵盖了所有已经发现的矿种和盐,资源的税目税率依照《资源税目税率表》执行,见表 10-1。

表 10-1 资源税目税率表

税　目			征税对象	税　率
能源矿产	原油		原矿	6%
	天然气、页岩气、天然气水合物		原矿	6%
	煤		原矿或者选矿	2%～10%
	煤成(层)气		原矿	1%～2%
	铀、钍		原矿	4%
	油页岩、油砂、天然沥青、石煤		原矿或者选矿	1%～4%
	地热		原矿	1%～20%或者每立方米 1～30 元
金属矿产	黑色金属	铁、锰、铬、钒、钛	原矿或者选矿	1%～9%
		铜、铅、锌、锡、镍、锑、镁、钴、铋、汞	原矿或者选矿	2%～10%
		铝土矿	原矿或者选矿	2%～9%
		钨	选矿	6.5%
		钼	选矿	8%
		金、银	原矿或者选矿	2%～6%
		铂、钯、钌、锇、铱、铑	原矿或者选矿	5%～10%
		轻稀土	选矿	7%～12%
		中重稀土	选矿	20%
		铍、锂、锆、锶、铷、铯、铌、钽、锗、镓、铟、铊、铪、铼、钽、锗、镓、铟、铊、铪、铼	原矿或者选矿	2%～10%

税　目		征税对象	税　率
	高岭土	原矿或者选矿	1%～6%
	石灰岩	原矿或者选矿	1%～6%或者每吨（每立方米）1～10元
	磷	原矿或者选矿	3%～8%
	石墨	原矿或者选矿	3%～12%
	萤石、硫铁矿、自然硫	原矿或者选矿	1%～8%
矿物类	天然石英砂、脉石英、粉石英、水晶、工业用金刚石、冰洲石、蓝晶石、硅线石（矽线石）、长石、滑石、刚玉、菱镁矿、颜料矿物、天然碱、芒硝、钠硝石、明矾石、砷、硼、碘、溴、膨润土、硅藻土、陶瓷土、火黏土、铁矾土、凹凸棒石黏土、海泡石黏土、伊利石黏土、累托石黏土	原矿或者选矿	1%～12%
	叶蜡石、硅灰石、透辉石、珍珠岩、云母、沸石、重晶石、毒重石、方解石、蛭石透闪石、工业用电气石、白墨、石棉、蓝石棉、红柱石、石榴子石、石膏	原矿或者选矿	2%～12%
	其他黏土（铸型用黏土、砖瓦用黏土、陶粒用黏土、水用红土、水泥配料用黄土、水泥配料用泥岩、保温材料用黏土）	原矿或者选矿	1%～5%或者每吨（每立方米）0.1～5元
岩石类	大理岩、花岗岩、白云岩、石英岩、砂岩、辉绿岩、安山岩、闪长岩、板岩、玄武岩、片麻岩、角闪岩、页岩浮石、凝灰岩、黑曜岩、霞石正长岩、蛇纹岩、麦饭石、泥灰岩、含钾岩石、含钾砂页岩、天然油石、橄榄岩、松脂岩、粗面岩、辉长岩、辉石岩、正长岩、火山灰、火山渣、泥炭	原矿或者选矿	1%～10%
	砂石	原矿或者选矿	1%～5%或者每吨（每立方米）0.1～5元
宝玉石类	宝石、玉石、宝石级金刚石、玛瑙、黄玉、碧玺	原矿或者选矿	4%～20%
水气矿产	二氧化碳气、硫化氢气、氦气、氡气	原矿	2%～5%
	矿泉水	原矿	1%～20%或者每立方米1～30元
盐	钠盐、钾盐、镁盐、锂盐	选矿	3%～15%
	天然卤水	原矿	3%～15%或者每吨（每立方米）1～10元
	海盐	—	2%～5%

10.1.3　资源税优惠政策说明

1. 免征资源税

有图 10-1 情形之一的,可免征资源税。

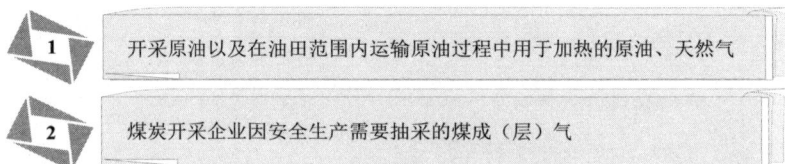

| 1 | 开采原油以及在油田范围内运输原油过程中用于加热的原油、天然气 |
| 2 | 煤炭开采企业因安全生产需要抽采的煤成(层)气 |

图 10-1　免征资源税的情形

2. 减征资源税

有图 10-2 情形之一的,可减征资源税。

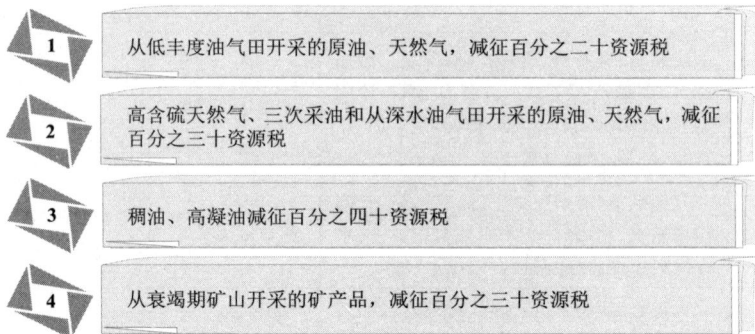

1	从低丰度油气田开采的原油、天然气,减征百分之二十资源税
2	高含硫天然气、三次采油和从深水油气田开采的原油、天然气,减征百分之三十资源税
3	稠油、高凝油减征百分之四十资源税
4	从衰竭期矿山开采的矿产品,减征百分之三十资源税

图 10-2　减征资源税的情形

2022 年 1 月 1 日至 2024 年 12 月 31 日,对增值税小规模纳税人、小型微利企业和个体工商户可以在 50% 的税额幅度内减征资源税。

3. 其他减免资源税

有图 10-3 情形之一的,省、自治区、直辖市可以决定免征或者减征资源税。

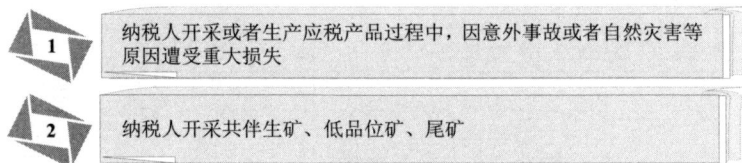

| 1 | 纳税人开采或者生产应税产品过程中,因意外事故或者自然灾害等原因遭受重大损失 |
| 2 | 纳税人开采共伴生矿、低品位矿、尾矿 |

图 10-3　其他减免资源税的情形

备注:纳税人的免税、减税项目,应当单独核算销售额或者销售数量;未单独核算或者不能准确提供销售额或者销售数量的,不予免税或者减税。

10.2　资源税纳税业务处理

10.2.1　资源税纳税处理规范

纳税人开采或者生产应税产品自用的,应当依照本法规定缴纳资源税;但是,自用于连续生产应税产品的,不缴纳资源税。

纳税人自用应税产品应当缴纳资源税的情形,包括纳税人以应税产品用于非货币性资产交换、捐赠、偿债、赞助、集资、投资、广告、样品、职工福利、利润分配或者连续生产非应税产品等,以上两种情形视同销售。

纳税人开采或者生产不同税目应税产品的,应当分别核算不同税目应税产品的销售额或者销售数量;未分别核算或者不能准确提供不同税目应税产品的销售额或者销售数量的,从高适用税率。

1. 从价定率销售额的确定

(1)一般规定

资源税应税产品的销售额,按照纳税人销售应税产品向购买方收取的全部价款确定,不包括增值税税款。

计入销售额中的相关运杂费用,凡取得增值税发票或者其他合法有效凭据的,准予从销售额中扣除。相关运杂费用是指应税产品从坑口或者洗选(加工)地到车站、码头或者购买方指定地点的运输费用、建设基金,以及随运销产生的装卸、仓储、港杂费用。

(2)特殊规定

纳税人申报的应税产品销售额明显偏低且无正当理由的,或者有自用应税产品行为而无销售额的,主管税务机关可以按图 10-4 的方法和顺序确定其应税产品销售额。

(3)应纳税额计算

$$应纳税额＝销售额×适用税率$$

2. 从量定额销售量的确定

(1)一般规定

从量定额征收的资源税的计税依据是应税产品的销售数量。包括纳税人开采或者生产应税产品的实际销售数量和视同销售的自用数量。

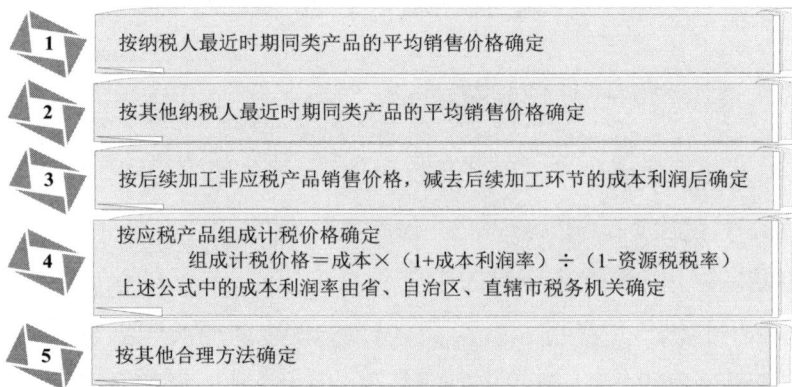

1	按纳税人最近时期同类产品的平均销售价格确定
2	按其他纳税人最近时期同类产品的平均销售价格确定
3	按后续加工非应税产品销售价格,减去后续加工环节的成本利润后确定
4	按应税产品组成计税价格确定 　　组成计税价格＝成本×(1+成本利润率)÷(1-资源税税率) 上述公式中的成本利润率由省、自治区、直辖市税务机关确定
5	按其他合理方法确定

图 10-4　特殊销售额的确定

(2)特殊规定

纳税人不能准确提供应税产品销售数量的,以应税产品的产量或主管税务机关确定的折算比换算成的数量为计征资源税的销售数量。

(3)应纳税额计算

$$应纳税额＝销售数量×单位税额$$

10.2.2　资源税纳税处理示范

【示范10-1】2020年10月9日,某油田销售原油10 000吨,开具增值税专用发票取得销售额10 000万元、增值税额1 300万元,税率为6％,请计算该油田2020年10月份应缴纳的资源税是多少?

【解析】该企业应进行如下纳税处理。

10月应纳资源税税额＝销售额×适用税率＝10 000×6％＝600(万元)

【示范10-2】某矿泉水生产企业2020年10月开发生产矿泉水8 000立方米,本月销售5 000立方米。矿泉水实行定额征收资源税,资源税税率为5元/立方米。请计算该企业2020年10月应缴纳的资源税税额。

【解析】该企业应进行如下纳税处理。

10月应纳资源税税额＝销售数量×单位税额＝5 000×5＝25 000(元)

第11章

示范——企业所得税纳税业务操作

11.1　缴纳企业所得税必会事项

企业所得税是以企业的生产经营所得和其他所得为计税依据而征收的一种税,是现代市场经济国家普遍开征的一个重要税种。

我国现行的企业所得税的基本规范是 2007 年 3 月 16 日第十届全国人民代表大会第五次全体会议通过的《中华人民共和国企业所得税法》和 2007 年 11 月 28 日国务院第 197 次常务会议通过的《中华人民共和国企业所得税法实施条例》。

11.1.1　纳税义务人与征税对象

1. 纳税义务人

我国企业所得税的纳税义务人,即所有实行独立经济核算的在中华人民共和国境内的企业(包括居民企业和非居民企业)或其他组织,但个人独资企业及合伙企业除外,这两类企业缴纳个人所得税。

居民企业指依法在中国境内成立,或者依照外国(地区)法律成立但实际管理机构在中国境内的企业。

非居民企业指依照外国(地区)法律成立且实际管理机构不在中国境内,但在中国境内设立机构、场所的,或者在中国境内未设立机构、场所,但有来源于中国境内所得的企业。

2. 征税对象

企业所得税的征税对象指企业的生产经营所得、其他所得和清算所得。

(1)居民企业的征税对象

居民企业的征税对象源于中国境内、境外的所得。所得包括销售货物所得、提供劳务所得、转让财产所得、股息红利等权益性投资所得,以及利息所得、租金所得、特许权使用费所得、接受捐赠所得和其他所得。

(2)非居民企业的征税对象

非居民企业在中国境内设立机构、场所的,应当就其所设机构、场所取得的来源于中国境内所得,以及发生在中国境外但与其所设机构、场所有实际联系的所得,缴纳企业所得税。

非居民企业在中国境内未设立机构、场所的,或虽设立机构、场所但取得的所得与其所设机构、场所没有实际联系的,应当就源于中国境内所得缴纳企业所得税。

注意事项

◆ 上述所称实际联系指非居民企业在中国境内设立的机构、场所拥有的据以取得所得的股权、债权,以及拥有、管理、控制据以取得所得的财产。

◆ 纳税义务人按照章程规定解散或破产,以及其他原因宣布终止时,其清算终了后的清算所得,也属于企业所得税的征税范围。

11.1.2 企业所得税的税率说明

我国的企业所得税实行比例税率。税率分为基本税率和低税率两种,具体说明见表 11-1。

表 11-1 税率说明表

形式	说明
基本税率	基本税率为 25%,适用于居民企业和在中国境内设有机构、场所且取得的所得与机构、场所有关联的非居民企业
低税率	低税率为 20%,适用于在中国境内未设立机构、场所的,或者虽设立机构、场所但取得的所得与其所设机构、场所没有实际联系的非居民企业

11.1.3 企业所得税的优惠政策

企业所得税常见的优惠方式包括免征与减征优惠、高新技术企业优惠、小型微利企业优惠、加计扣除优惠、创投企业优惠、加速折旧优惠、减计收入优惠、税额抵免优惠、非居民企业优惠等。

1. 免征与减征优惠

免征与减征企业所得税优惠政策说明见表11-2。

表11-2 免征与减征企业所得税优惠政策

免征与减征项目		具体说明
从事农、林、牧、渔业项目的所得	免征	蔬菜、谷物、薯类、油料、豆类、棉花、麻类、糖料、水果、坚果的种植 农作物新品种的选育 中药材的种植 林木的培育和种植 牲畜、家禽的饲养 林产品的采集 灌溉、农产品初加工、兽医、农技推广、农机作业和维修等农、林、牧、渔服务业项目 远洋捕捞
	减征	花卉、茶以及其他饮料作物和香料作物的种植可以减半缴纳企业所得税 海水养殖、内陆养殖可以减半征收企业所得税
从事国家重点扶持的公共基础设施项目投资经营的所得		企业所得税法所称国家重点扶持的公共基础设施项目，指《公共基础设施项目企业所得税优惠目录》规定的港口码头、机场、铁路、公路、电力、水利等项目 企业从事国家重点扶持的公共基础设施项目投资经营的所得，自项目取得第一笔生产经营收入所属纳税年度起，第1年至第3年免征企业所得税，第4年至第6年减半征收企业所得税 企业承包经营、承包建设和内部自建自用本条规定的项目，不得享受本条规定的企业所得税优惠
从事符合条件的环境保护、节能节水项目的所得		从事公共污水处理、公共垃圾处理、沼气综合利用开发、节能减排技术改造、海水淡化等符合条件的环境保护、节能节水项目的所得，自项目取得第一笔生产经营收入所属纳税年度起，第1年至第3年免征企业所得税，第4年至第6年减半缴纳企业所得税 但是以上规定享受减免税优惠的项目，在减免税期限内转让的，受让方自受让之日起，可以在剩余期限内享受规定的减免税优惠；减免税期限届满后转让的，受让方不得就该项目重复享受减免税优惠
符合条件的技术转让所得		企业所得税法所称符合条件的技术转让所得免征、减征企业所得税，指一个纳税年度内，居民企业转让技术所有权所得不超过500万元的部分，免征企业所得税；超过500万元的部分，减半征收企业所得税

127

2. 高新技术企业优惠

国家需要重点扶持的高新技术企业减按 15％的所得税税率征收企业所得税。国家需要重点扶持的高新技术企业指拥有核心自主知识产权,并同时符合图 11-1 所示条件的企业。

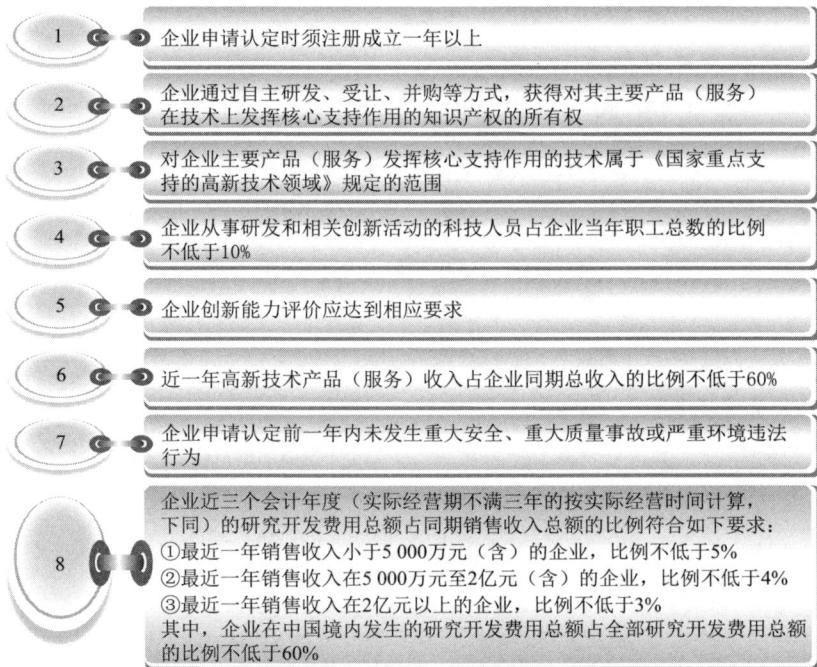

1　企业申请认定时须注册成立一年以上

2　企业通过自主研发、受让、并购等方式,获得对其主要产品(服务)在技术上发挥核心支持作用的知识产权的所有权

3　对企业主要产品(服务)发挥核心支持作用的技术属于《国家重点支持的高新技术领域》规定的范围

4　企业从事研发和相关创新活动的科技人员占企业当年职工总数的比例不低于10%

5　企业创新能力评价应达到相应要求

6　近一年高新技术产品(服务)收入占企业同期总收入的比例不低于60%

7　企业申请认定前一年内未发生重大安全、重大质量事故或严重环境违法行为

8　企业近三个会计年度(实际经营期不满三年的按实际经营时间计算,下同)的研究开发费用总额占同期销售收入总额的比例符合如下要求:
①最近一年销售收入小于5 000万元(含)的企业,比例不低于5%
②最近一年销售收入在5 000万元至2亿元(含)的企业,比例不低于4%
③最近一年销售收入在2亿元以上的企业,比例不低于3%
其中,企业在中国境内发生的研究开发费用总额占全部研究开发费用总额的比例不低于60%

图 11-1　可得到纳税优惠的高新技术企业需满足的条件

3. 小型微利企业优惠

小型微利企业指从事国家非限制和非禁止行业,同时符合年度应纳税所得额不超过 300 万,从业人数不超过 300 人,总资产不超过 5 000 万元这 3 个条件的企业。自 2019 年 1 月 1 日至 2021 年 12 月 31 日,小型微利企业有如下优惠,如图 11-2 所示。

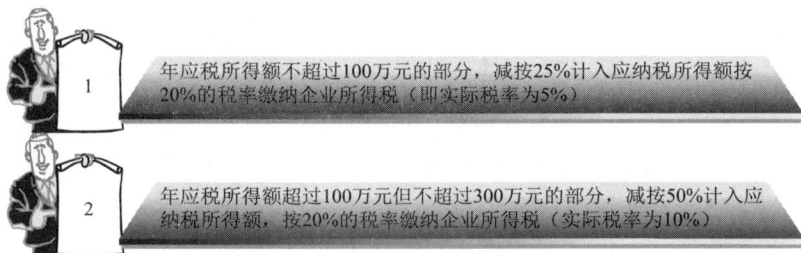

1　年应税所得额不超过100万元的部分,减按25%计入应纳税所得额按20%的税率缴纳企业所得税(即实际税率为5%)

2　年应税所得额超过100万元但不超过300万元的部分,减按50%计入应纳税所得额,按20%的税率缴纳企业所得税(实际税率为10%)

图 11-2　小型微利企业优惠条件

4. 加计扣除优惠

加计扣除优惠项目包括研究开发费和企业安置残疾人员所支付的工资两项内容，具体见表 11-3。

表 11-3　加计扣除优惠项目说明

加计扣除优惠项目	说明
研究开发费	企业为开发新技术、新产品发生的研究开发费用，未形成无形资产计入当期损益的，在按照规定据实扣除的基础上，按照研究开发费用的 50% 加计扣除；形成无形资产的，按照无形资产成本的 150% 摊销 2018 年 1 月 1 日至 2020 年 12 月 31 日期间，按照本年度实际发生额的 75% 加计扣除，形成无形资产的，按照无形资产成本的 175% 摊销
企业安置残疾人员所支付的工资	企业安置残疾人员，在按照支付给残疾职工工资据实扣除的基础上，按照支付给残疾职工工资的 100% 加计扣除

5. 创投企业优惠

创投企业从事国家需要重点扶持和鼓励的创业投资，可以按投资额的一定比例抵扣应纳税所得额。

创投企业优惠指创业投资企业采取股权投资方式投资于未上诉的中小高新科技企业 2 年以上的，可以按照其投资额的 70% 在股权持有满 2 年的当年抵扣该创业投资企业的应纳税所得额；当年不足抵扣的，可以再以后纳税年度结转抵扣。

6. 加速折扣优惠

企业的固定资产由于技术进步等原因，确需加速折旧的，可以缩短折旧年限或者采取加速折旧的办法。可采用以上折旧方法的固定资产如下。

① 由于技术进步，产品更新换代较快的固定资产。

② 常年处于强震、高腐蚀状态的固定资产。

采取缩短折旧年限方法的，最低折旧年限不得低于规定折旧年限的 60%；采取加速折旧方法的，可以采取双倍余额递减或者年数总和法。

7. 减计收入优惠

企业综合利用资源，生产符合国家产业政策规定的产品所取得的收入，减按 90% 计入收入总额。

8. 税额抵免优惠

税额抵免指企业购置并实际使用《环境保护专用设备企业所得税优惠

129

目录》、《节能节水专用设备企业所得税优惠目录》和《安全生产专用设备企业所得税优惠目录》规定的环境保护、节能节水、安全生产等专用设备的,该专用设备的投资额的 10％可从企业当年的应纳税额中抵免;当年不足抵免的,可从以后 5 个纳税年度结转抵免。

企业购置上述专用设备 5 年内转让、出租的,应当停止享受企业所得税优惠,并补缴已经抵免的企业所得税税款。

注意事项

◆ 企业同时从事适用不同企业所得税待遇的项目的,其优惠项目应当单独计算所得,并合理分摊企业的期间费用;没有单独计算的,不得享受企业所得税优惠。

9. 非居民企业优惠

非居民企业减按 10％的所得税税率征收企业所得税。非居民企业指在中国境内未设立机构、场所的,或者虽设机构、场所但取得的所得与其所设机构、场所没有实际联系的企业。该类非居民企业取得下列所得免征企业所得税。

① 外国政府向中国政府提供贷款取得的利息所得。

② 国际金融组织向中国政府和居民企业提供优惠贷款取得的利息所得。

③ 经国务院批准的其他所得。

11.2 企业所得税纳税业务处理

11.2.1 企业所得税纳税处理规范

1. 应纳税所得额的计算规范

按照企业所得税法的规定,应纳税所得额为企业每一纳税年度的收入总额,减除不征税收入、免税收入、各项扣除,以及允许弥补的以前年度亏损后的余额,其基本公式为:

应纳税所得额＝收入总额－不征税收入－免税收入－

各项扣除－以前年度亏损

（1）收入总额

收入总额指企业以货币形式和非货币形式从各种来源取得的收入。主要包括如图 11-3 所示的九项内容。

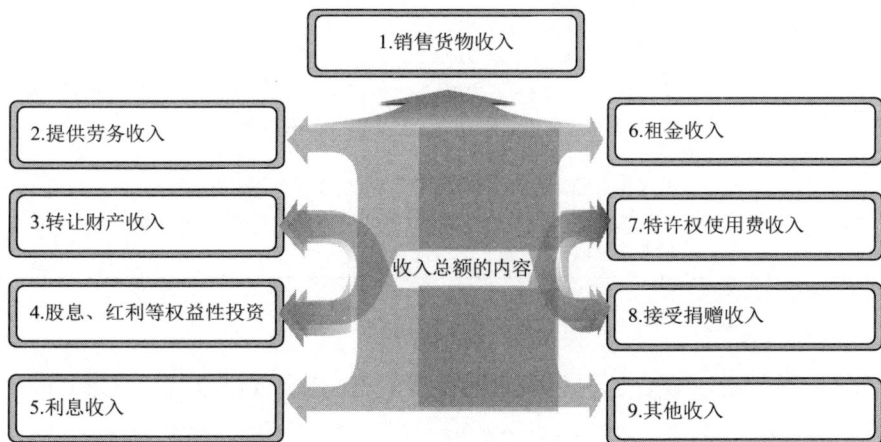

图 11-3　收入总额的具体内容

（2）不征税收入

收入总额中的下列收入为不征税收入。

① 财政拨款。

② 依法收取并纳入财政管理的行政事业性收费、政府性基金。

③ 国务院规定的其他不征税收入。

（3）免税收入

收入总额中的下列收入为免税收入。具体说明见表 11-4。

表 11-4　收入总额中的免税收入项目

免税收入项目	具体说明
国债利息收入	为鼓励企业积极购买国债，支援国家建设，税法规定，企业因购买国债所得的利息收入，免征企业所得税
符合条件的股息、红利等权益性收益	符合条件的居民企业之间的股息、红利等权益性收益指居民企业直接投资于其他居民企业取得的投资收益 在中国境内设立机构、场所的非居民企业从居民企业取得与该机构、场所有实际联系的股息、红利等权益性投资收益。该收益不包括连续持有居民公开发行并上市流通的股票不足 12 个月取得的投资收益

续上表

免税收入项目	具体说明
符合条件的非营利组织的收入	依法履行非营利组织登记手续 从事公益性或者非营利性活动 取得的收入除用于与该组织有关的、合理的支出外,全部用于登记核定或者章程规定的公益性或者非营利性事业 财产及其孳息不用于分配 按照登记核定或者章程规定,该组织注销后的剩余财产用于公益性或者非营利性目的,或者由登记管理机关转赠给予该组织性质、宗旨相同的组织,并向社会公告 投入人对投入该组织的财产不保留或者享有任何财产权利 工作人员工资福利开支控制在规定的比例内,不变相分配该组织的财产 国务院财政、税务主管部门规定的其他条件

(4)各项扣除

企业所得税法规定,企业实际发生的与取得收入有关的、合理的支出,包括成本、费用、税费、损失和扣除的其他支出,准予在计算应纳税所得额时扣除。

税前扣除的基本原则见表 11-5。

表 11-5　税前扣除的基本原则

原则	说明
全责发生制原则	指企业费用应在发生的所属期扣除,而不是在实际支付时确认扣除
配比原则	指企业发生的费用应当与收入配比扣除。除特殊规定外,企业发生的费用不得提前或滞后申报扣除
相关性原则	指企业可扣除的费用从性质和根源上必须与取得应税收入直接相关
确定性原则	指企业可扣除的费用不论何时支付,其金额必须是确定的
合理性原则	指企业扣除的费用符合生产经营活动的常规,应当计入当期损益或者有关资产成本的必要和正常的支出

税前扣除的具体范围见表 11-6。

表 11-6　税前扣除的范围

范围	说明
成本	指企业在生产、经营活动中发生的销售成本、销货成本、业务支出,以及其他耗费,即企业销售商品、提供劳务、转让固定资产、无形资产的成本 企业需将经营活动中发生的成本合理划分为直接成本和间接成本。直接成本是可直接计入有关成本计算对象或劳务的经营成本中的直接材料、直接人工等。间接成本是指多个部门为同一成本对象提供服务的共同成本,或者同一种投入可以制造、提供两种或两种以上的产品或劳务的联合成本

范围	说　明
费用	指企业每一个纳税年度为生产、经营商品和提供劳务等所发生的销售费用、管理费用和财务费用。已计入成本的有关费用除外 销售费用指应由企业负担的为销售商品而发生的费用,包括广告费、运输费、装卸费、包装费、展览费、保险费、销售佣金、代销手续费、经营性租赁费及销售部门发生差旅费、工资、福利费等费用 管理费用指企业的行政管理部门为管理组织经营活动提供各项支援性服务而发生的费用 财务费用指企业筹集经营性资金而发生的费用,包括利息净支出、汇兑净损失、金融机构手续费以及其他非资本化支出
税费	指企业发生的除企业所得税和允许抵扣的增值税以外的企业缴纳的各项税金及其附加。即企业按规定缴纳的消费税、营业税、城市维护建设税、关税、资源税、土地增值税、房产税、车船税、土地使用税、印花税、教育费附加等产品销售税金及附加。上述已纳税金准予税前扣除 准予扣除的税金方式:一是在发生当期扣除;二是在发生当期计入相关资产的成本,在以后各期分摊扣除
损失	指企业在生产经营活动中发生的固定资产和存货的盘亏、毁损、报废损失,转让财产损失,呆账损失,坏账损失,自然灾害等不可抗力因素造成的损失以及其他损失 企业发生的损失减除负责人赔偿和保险赔款后的余额,依照国务院财政、税务主管部门的规定扣除 企业已作损失处理的资产,在以后纳税年度又全部收回或部分收回时,应当计入当期收入
其他支出	指除成本、费用、税费、损失外,企业在生产经营活动中发生的与生产经营活动有关的、合理的支出

在计算应纳税所得额时,表 11-7 所示项目可按照实际发生额或规定的标准扣除。

表 11-7　税前扣除项目的具体标准

税前扣除项目	具体标准
工资、薪金支出	企业发生的合理的工资、薪金支出准予据实扣除 薪金支出包括基本工资、资金、津贴、补贴、年终加薪、加班工资,以及与任职或者是受雇有关的其他支出
职工福利费、工会经费、职工教育经费	企业发生的职工福利费、工会经费、职工教育经费按标准扣除,未超过标准的按实际数扣除,超过标准的只能按标准扣除 企业发生的职工福利费支出,不超过工资薪金总额的 14% 的部分准予扣除 企业拨缴的工会经费,不超过工资薪金总额 2% 的部分准予扣除 除国务院财政、税务主管部门另有规定外,企业发生的职工教育经费支出,不超过工资薪金总额 8% 的部分准予扣除,超过部分准予结转以后纳税年度扣除

税务会计处理全流程演练从入门到精通

税前扣除项目	具体标准
社会保险费	即基本养老保险费、基本医疗保险费、失业保险费、工伤保险费、生育保险费等基本社会保险费和住房公积金,准予扣除 企业为投资者或者职工支付的补充养老保险费、补充医疗保险费,在国务院财政、税务主管部门规定的范围和标准内,准予扣除 企业依照国家有关规定特殊工种职工支付的人身安全保险费和符合国务院财政、税务主管部门规定可以扣除的商业保险费准予扣除 企业参加财产保险,按照规定缴纳的保险费,准予扣除。企业为投资者或者职工支付的商业保险费,不得抵扣
利息费用	非金融企业向金融企业借款的利息支出、金融企业的各项存款利息支出和同业拆借利息支出、企业经批准发行债券的利息支出可据实扣除 非金融企业向非金融企业借款的利息支出,不超过按照金融企业同期同类贷款利率计算的数额的部分可据实扣除,超过部分不许扣除
借款费用	企业在生产经营活动中发生的合理的、不需要资本化的借款费用,准予扣除 企业为购置、建造固定资产、无形资产和经过 12 个月以上的建造才能达到预定可销售状态的存货发生借款的,在有关资产购置、建造期间发生的合理的借款费用,应予以资本化,作为资本性支出计入有关资产的成本 有关资产交付使用后发生的借款利息,可在发生当期扣除
汇兑损失	企业在货币交易中,以及纳税年度终了时将人民币以外的货币性资产、负债按照期末即期人民币汇率中间价折算时产生的汇兑损失,除已经计入有关资产成本以及向所有者进行利润分配相关的部分外,准予扣除
业务招待费	企业发生的与生产经营活动有关的业务招待费支出,按照发生额的60%扣除,但最高不得超过当年销售收入的5‰
广告费和业务宣传费	企业发生的符合条件的广告费和业务宣传费支出,除国务院财政、税务主管部门另有规定外,不超过当年销售收入15%的部分,准予扣除;超过部分,准予结转以后纳税年度扣除 对化妆品制造或销售、医药制造和饮料制造(不含酒类制造)企业发生的广告费和业务宣传费支出,不超过当年销售收入30%的部分,准予扣除;超过部分,准予结转以后纳税年度扣除 烟草企业的广告费和业务宣传费支出,一律不得在计算应纳税所得额时扣除
环境保护专项资金	企业依照法律、行政法规有关规定提取的用于环境保护、生态恢复等方面的专项资金,准予抵扣。上述专项资金提取后改变用途的,不得扣除
保险费	企业参加财产保险,按照规定缴纳的保险费,准予扣除
租赁费	以经营租赁方式租入固定资产发生的租赁费支出,按照租赁期限均匀扣除 以融资租赁方式租入固定资产发生的租赁费用支出,按照规定构成融资租入固定资产价值的部分应当提取折旧费用,分期扣除
劳动保护费	企业发生的合理的劳动保护支出,准予扣除

税前扣除项目	具体标准
公益性捐赠支出	企业发生的公益性捐赠支出,不超过年度利润总额 12% 的部分,准予扣除;超过年度应税利润 12% 的部分,可以在以后 3 年内继续税前扣除
有关资产的费用	企业转让各类固定资产发生的费用,允许扣除。企业按规定计算的固定资产折旧费、无形资产和递延资产的摊销费,准予扣除
总机构分摊的费用	非居民企业在中国境内设立的机构、场所,就其中国境外总机构发生的与该机构、场所生产经营有关的费用,能够提供总机构出具的费用汇集范围、定额、分配依据和方法等证明文件,并合理分摊的,准予扣除
资产损失	企业当期发生的固定资产和流动资产盘亏、毁损净损失,由其提供清查盘存资料经主管税务机关审核后,准予扣除 企业因存货盘亏、毁损、报废等原因不得从销项税金中抵扣的进项税金,应视同企业财产损失,准予与存货损失一起在所得税前按规定扣除

(5)亏损弥补

亏损指企业依照企业所得税法和实施条例的规定,将每一纳税年度的收入总额减除不征税收入、免税收入和各项扣除后小于零的数额。我国税法规定,企业某一纳税年度发生的亏损可以用下一年度的所得弥补,下一年度的所得不足以弥补的,可以逐年延续弥补,但最长不得超过5年。

注意事项

在计算应纳税所得额时,下列支出不得扣除。

◆ 向投资者支付的股息、红利等权益性投资收益款项。

◆ 企业所得税税款。

◆ 税收滞纳金。

◆ 罚金、罚款和被没收财物的损失。

◆ 超过规定标准的捐赠支出。

◆ 赞助支出。

◆ 未经核定的准备金支出。

◆ 企业之间支付的管理费、企业内营业机构之间支付的租金和特许权使用费,以及非银行企业内营业机构之间支付的利息,不得扣除。

◆ 与取得收入无关的其他支出。

2. 应纳税额的计算规范

(1)居民企业应纳税额的计算

居民企业应纳税额的计算公式为:

居民企业应纳税额＝应纳税所得额×适用税率－减免税率－抵免税率

(2)境外所得抵扣税额的计算

企业取得的下列所得已在境外缴纳的所得税税额,可以从其当期应纳税额中抵免,抵免限额为该项所得依照本法规定计算的应纳税额;超过抵免限额的部分,可以在以后 5 个年度内,用每年度抵免限额抵免当年应抵税额后的余额进行抵补。具体情况如图 11-4 所示。

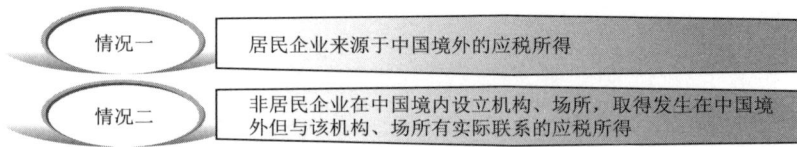

| 情况一 | 居民企业来源于中国境外的应税所得 |
| 情况二 | 非居民企业在中国境内设立机构、场所,取得发生在中国境外但与该机构、场所有实际联系的应税所得 |

图 11-4 可在当期应纳税额中抵扣的税额

居民企业从其直接或者间接控制的外国企业分得的来源于中国境外的股息、红利等权益性投资收益,外国企业在境外实际缴纳的所得税税额中属于该项负担的部分,可以作为该居民企业的可抵免境外所得税税额,在企业所得税法规定的抵免限额内抵免。

其计算公式为:

抵免限额＝中国境内、境外所得依照企业所得税法和条例规定计算的应纳税总额×来源于某国(地区)的应纳税所得额÷中国境内、境外应纳税所得总额

(3)非居民企业应纳税额的计算

对于在中国境内未设立机构、场所的,或者虽设立机构、场所但取得的所得与其所设机构、场所没有实际联系的非居民企业的所得,按照如图 11-5 所示的方法计算应纳税所得额。

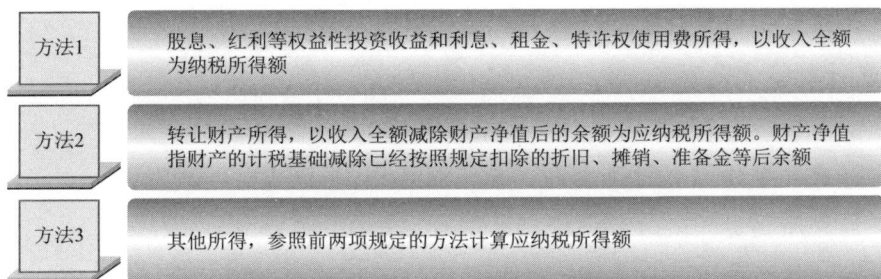

图 11-5 非居民企业应纳税额的计算方法

11.2.2 企业所得税纳税处理示范

（1）居民企业纳税处理示范

【示范 11-1】假定某企业为居民企业（一般纳税人，增值税税率 13％）2018 年度有关经营情况如下：

（1）实现产品销售收入 1 600 万元，取得国债利息收入 24 万元。

（2）产品销售成本 1 200 万元；产品销售费用 45 万元；上缴增值税 58 万元，消费税 85 万元，城市维护建设税 10.01 万元，教育费附加 4.29 万元。

（3）2 月向银行借款 50 万元用于生产经营，借期半年，银行贷款年利率 6％，支付利息 1.5 万元。

（4）3 月向非金融机构借款 60 万元用于生产经营，借期 8 个月，支付利息 4 万元。

（5）管理费用 137 万元，其中业务招待费用 12 万元。

（6）全年购入机器设备 5 台，共计支付金额 24 万元；改建厂房支付金额 100 万元。

（7）意外事故损失材料实际成本为 8 万元，获得保险公司赔款 3 万元。

计算该企业 2018 年应缴纳的企业所得税。

【解析】该企业应进行如下纳税处理。

①国债利息收入 24 万元免缴所得税。

②增值税不能扣除。

③向非金融机构借款利息支出，应按不高于同期同类银行贷款利率计算数额以内的部分准予在税前扣除。准许扣除的利息 $= 60 \times 6\% \times \dfrac{8}{12} =$ 2.4 万元。

④业务招待费税前扣除限额：1 600×0.5‰＝8 万元,12×60％＝7.2 万元,允许扣除 7.2 万元。

⑤购机器设备、改建厂房属于资本性支出,不得在税前扣除。

⑥意外事故损失材料其进项税额应转出,并作为财产损失。

财产净损失＝8×(1＋13％)－3＝6.04(万元)

⑦计算应纳企业所得税。

应纳税所得额＝1 600－1 200－45－85－10.01－4.29－1.5－2.4－(137－12)－7.2－6.04＝113.56(万元)

应纳税额＝113.56×25％＝28.39(万元)

(2)扣除项目的纳税调整示范

【示范 11-2】某企业为生产性增值税一般纳税人,2018 年实发工资为1 000 万元,发生职工福利费支付 150 万元,工会经费支出 12 万元,职工教育经费支出 30 万元。

【解析】该企业应进行如下纳税调整。

"三费"扣除标准＝1 000×(14％＋2％＋8％)＝240(万元)

职工福利费超过标准的部分 10 万元(150－1 000×14％),准予结转以后纳税年度扣除。

【示范 11-3】某企业 2018 年度取得产品销售收入 4 000 万元,发生业务招待费 30 万元。

【解析】该企业应进行如下纳税调整。

业务招待费发生额的 60％＝30×60％＝18(万元)

业务招待费扣除标准＝4 000×5‰＝20(万元)

因而,业务招待费准予按 18 万元税前扣除。

业务招待费应调整所得额＝30－18＝12(万元)

【示范 11-4】某企业 2018 年取得产品销售收入净额 4 000 万元,发生产品广告费 200 万元。

【解析】该企业应进行如下纳税调整。

广告费扣除标准＝4 000×15％＝600(万元)

广告费实际发生额 200 万元,低于广告费扣除标准,准予据实扣除,不做纳税调整。

【示范11-5】某企业2018年度,通过国家机关向红十字会捐赠50万元,已知该公司2018年度会计利润总额为400万元。

【解析】该企业应进行如下纳税调整。

纳税人通过国家机关向红十字会的捐赠,为公益性捐赠。

公益性捐赠扣除标准＝400×12％＝48(万元)

公益性捐赠应调整所得额＝50－48＝2(万元)

(3)亏损弥补的纳税处理示范

【示范11-6】某企业自2008年至2013年的调整后应纳税所得额分别为－50万元、－10万元、－30万元、30万元、40万元、50万元。

【解析】该企业应进行如下纳税处理。

企业所得税法规定,2008年、2009年、2010年连续发生年度亏损,也必须从第一个亏损年度2008年算起,先亏损的先弥补,先弥补2008年度的亏损50万元,自2009年算起,按顺序连续计算亏损弥补期,可用2009年0万元、2010年0万元、2011年30万元、2012年40万元的应纳税所得额弥补,共弥补2008年度亏损50万元,但因超过5年弥补期限不能再进行税前弥补。对2009年的亏损10万元,可用2010年度0万元、2011年0万元、2012年20万元弥补损失。对2010年亏损的30万元,可用2011年0万元、2012年10万元、2013年的50万元弥补损失。弥补以前年度亏损后,2013年的应纳税所得额还剩30万元,按税法规定缴纳企业所得税。

(4)境外所得抵扣税额的纳税处理示范

【示范11-7】某企业2018年度境内应纳税所得额为300万元,适用25％的企业所得税税率。另外,该企业分别在甲、乙两国设有分支机构(假设我国与甲、乙两国已经缔结避免双重征税协定),在甲国分支机构的应纳税所得额为100万元,甲国企业所得税税率为20％;在乙国分支机构的应纳税所得额为50万元,乙国企业所得税税率为30％。假设该企业在甲、乙两国所得按我国税法计算的应纳税所得额和按甲、乙两国税法计算的应纳税所得额一致,两个分支机构在甲、乙两国分别缴纳了20万元和15万元的企业所得税。

【解析】该企业应进行如下纳税处理。

① 该企业按我国税法计算的境内、外应纳企业所得税税额。

境内、境外应纳所得税额＝300＋100＋50＝450(万元)

境内、境外应纳企业所得税税额＝450×25％＝112.5(万元)

② 甲、乙两国的抵免限额。

甲国抵免限额＝112.5×(100÷450)＝25(万元)

乙国抵免限额＝112.5×(50÷450)＝12.5(万元)

在甲国缴纳的所得税为 20 万元,低于抵免限额 25 万元,可全额扣除。

在乙国缴纳的所得税为 15 万元,高于抵免限额 12.5 万元,其超过抵免限额的部分 2.5 万元(15－12.5)当年不能抵除,但可以在以后 5 个年度内,用每年度抵免限额抵免当年应抵税额的余额进行抵补。

③ 汇总时在我国应缴纳的所得税。

应纳企业所得税税额＝112.5－20－12.5＝80(万元)

(5)创投企业的纳税处理示范

【示范 11-8】甲企业 2017 年 1 月 1 日向乙企业(未上市的中小高新技术企业)投资 200 万元,股权持有到 2018 年 12 月 31 日。

【解析】该企业应进行如下纳税处理。

甲企业 2018 年度可抵扣的应纳税所得额为 140 万元(200×70％),如果当年不足抵扣的,可以在以后纳税年度结转抵扣。

第 12 章

示范——土地增值税纳税业务操作

12.1 缴纳土地增值税必会事项

土地增值税是对有偿转让国有土地使用权及地上建筑物和其他附着物产权,取得增值收入的单位和个人征收的一种税。我国现行土地增值税的基本规范,是 1993 年 12 月 13 日国务院颁布的《中华人民共和国土地增值税暂行条例》(以下简称《土地增值税暂行条例》)。2019 年 7 月,财政部会同国家税务总局发布了《中华人民共和国土地增值税法(征求意见稿)》,广泛凝聚社会共识,推进民主立法,向全社会公开征求意见。

12.1.1 纳税义务人与征税范围

1. 纳税义务人

土地增值税的纳税义务人为转让国有土地使用权、地上的建筑及其附着物(以下简称转让房地产)并取得收入的单位和个人。单位包括各类企业、事业单位、国家机关和社会团体及其他组织;个人包括个体经营者和其他个人。

2. 征税范围

根据《土地增值税暂行条例》及其实施细则的规定,土地增值税的征税范围见表 12-1。

表 12-1 土地增值税的征税范围说明表

征税范围	具体说明
转让国有土地使用权	国有土地指按国家法律规定属于国家所有的土地

征税范围	具体说明
地上的建筑物及其附着物连同国有土地使用权一并转让	地上建筑物指建于土地上的一切建筑物,包括地上地下的各种附属设施。附着物指附着于土地上的不能移动或一经移动即遭损坏的物品

征税范围的界定标准主要包括三点,具体说明见表12-2。

表 12-2 土地增值税征税范围界定标准说明表

界定标准	具体说明
转让土地的使用权是否为国家所有	对于法律规定属于国家所有的土地,其土地使用权在转让时,属于土地增值税的征税范围 而农村集体所有的土地,是不得自行转让的,只有在根据有关法律规定,由国家征用以后变为国家所有时,才能进行转让
土地使用权、地上的建筑物及其附着物的产权是否发生转让	国有土地使用权的转让指土地使用者通过出让等形式取得土地使用权后,将土地使用权再转让的行为,包括出售、交换和赠与,土地使用权转让,其地上的建筑物、其他附着物的所有权随之转让,也属于土地增值税的征税范围
是否取得收入	无论是单独转让国有土地使用权,还是房屋产权与国有土地使用权一并转让的,只要取得收入,均属于土地增值税的征税范围

12.1.2 税率与应纳税额的计算

1. 税率

土地增值税实行四级超率累进税率进行征收。具体说明见表12-3。

表 12-3 土地增值税四级超率累进税率表

级数	增值额与扣除项目金额的比率	税率	速算扣除系数
1	不超过50%的部分	30%	0
2	超过50%至100%的部分	40%	5
3	超过100%至200%的部分	50%	15
4	超过200%的部分	60%	35

2. 应纳税额计算

计算土地增值税金额应首先确定应税收入、确定扣除项目以及确定增值额。

(1)确定应税收入

纳税人转让房地产取得的应税收入,应包括转让房地产的全部价款及有关的经济收益。从收入的形式来看,包括货币收入、实物收入和其他收入。具体说明如图 12-1 所示。

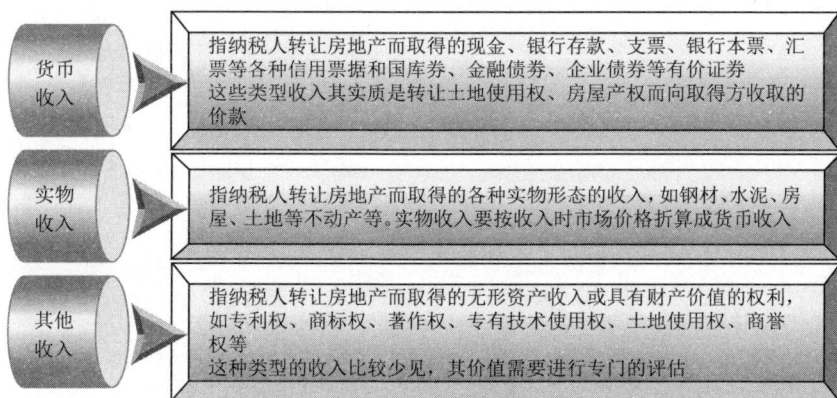

图 12-1 应税收入的形式

(2)确定扣除项目

计算土地增值税,首先要确定扣除项目。税法准予纳税人从转让收入额中减除的扣除项目包括表 12-4 所示的六项内容。

表 12-4 准许扣除项目表

准许扣除项目	具体说明
取得土地使用权所支付的金额	取得土地使用权所支付的金额指纳税人为取得土地使用权所支付的地价款和按国家统一规定缴纳的有关费用,如登记、过户手续费等
房地产开发成本	土地征用及拆迁补偿费。包括土地征用费、耕地占用税、劳动力安置费及有关地上、地下附着物拆迁补偿的净支出、安置动迁用房支出等 前期工程费。包括规划、设计、项目可行性研究和水文、地质、勘察、测绘、"三通一平"等支出 建筑安装工程费。指以出包方式支付给承包单位的建筑安装工程费,以自营方式发生的建筑安装工程费 基础设施费。包括开发小区内道路、供水、供电、供气、排污、排洪、通信、照明、环卫、绿化等工程发生的支出 公共配套设施费。包括不能有偿转让的开发小区内公共配套设施发生的支出 开发间接费用。指直接组织、管理开发项目发生的费用,包括工资、职工福利费、折旧费、修理费、办公费、水电费、劳动保护费、周转房摊销等
房地产开发费用	指与房地产开发项目有关的销售费用、管理费用和财务费用
与转让房地产有关的税金	指在转让房地产时缴纳的城市维护建设税、教育税附加、印花税 房地产开发企业按照《施工、房地产开发企业财务制度》有关规定,其在转让时缴纳的印花税因列入管理费用中,故在此不允许单独再扣除。其他纳税人缴纳的印花税允许在此扣除

准许扣除项目	具体说明
旧房及建筑物的评估价格	指在转让已使用的房屋及建筑物时,因计算纳税需对房地产进行评估,其支付的评估费用允许在计算土地增值税时予以扣除
财政部确定的其他扣除项目	对从事房地产开发的纳税人,允许按取得土地使用权所支付的金额和房地产开发成本之和,加计0%的扣除。此条优惠只适用于从事房地产开发的纳税人

(3)确定增值额

增值额指土地增值税纳税人转让房地产所取得的收入减除规定的扣除项目金额后的余额。准确核算增值额,还需要有准确的房地产转让收入额和扣除项目的金额。

在实际房地产交易活动中,有些纳税人由于不能准确提供房地产转让价格或扣除项目金额致使增值额不准确,直接影响应纳税额的计算和缴纳。

因此,纳税人有图12-2所示情形之一的,按照房地产评估价格计算征收。

情形1　隐瞒、虚报房地产成交价格的

情形2　提供扣除项目金额不实的

情形3　转让房地产的成交价格低于房地产评估价格,又无正当理由的

图12-2　按照房地产评估价格计算征收土地增值税的情形

12.1.3　土地增值税优惠的规定

土地增值税是国家为了规范土地、房产市场交易秩序,合理调节土地增值收益和房地产开发企业利润而设置的地方税税种。我国出台这一税种时,也制定了相关的税收优惠,具体说明见表12-5。

表12-5　土地增值税税收优惠说明表

税收优惠	具体说明
建造普通标准住宅出售	纳税人建造普通标准住宅出售,增值额未超过扣除项目金额20%的,免征土地增值税 普通标准住宅指按所在地一般民用住宅标准建造的居住用住宅。高级公寓、别墅、度假村等不属于普通标准住宅 对于纳税人既建普通标准住宅出售又搞其他房地产开发的,应分别核算增值额。不分别核算增值额或不能准确核算增值额的,其建造的普通标准住宅不能适用这一免税规定

续上表

税收优惠	具体说明
因国家建设需要	因国家建设需要而被政府征收、收回的房地产,免征土地增值税 因城市实施规划、国家建设的需要而搬迁,由纳税人自行转让原房地产的,比照本规定免征土地增值税
个人转让房地产	个人因工作调动或改善居住条件而转让原自用住房,免征土地增值税
企业改制	对企业改制、资产整合过程中涉及的土地增值税予以免征

12.2 土地增值税纳税业务处理

12.2.1 土地增值税纳税处理规范

土地增值税是以纳税人转让房地产取得的增值额为税基,依据超率累进税率,计算应纳税额。具体公式如下:

$$应纳税额=增值额×适用税率-扣除项目金额×速算扣除系数$$

$$增值额=收入额-扣除项目金额$$

根据表12-3所示的超率累进税率及速算扣除系数,其计算公式可分解为表12-6所示的四种。

表 12-6 土地增值税的应纳税额计算说明表

增值额与扣除项目金额的比率	计算公式
增值额未超过扣除项目金额50%的	土地增值税税额=增值额×30%
增值额超过扣除项目金额50%,未超过100%的	土地增值税税额=增值额×40%-扣除项目金额×5%
增值额超过扣除项目金额100%,未超过200%的	土地增值税税额=增值额×50%-扣除项目金额×15%
增值额超过扣除项目金额200%的	土地增值税税额=增值额×60%-扣除项目金额×35%

注意事项

◆ 房地产企业建设普通住宅出售的,增值额未超过扣除金额20%的,免征土地增值税。

12.2.2 土地增值税纳税处理示范

1. 增值额未超过扣除项目金额50%的情况

【示范12-1】某企业取得转让房地产收入100万元,其扣除项目金额为

80万元。计算该企业应纳土地增值税金额。

【解析】该企业应进行如下纳税处理。

①增值额＝100－80＝20(万元)

②增值额与扣除项目金额的比率＝20÷80＝25％

③应纳土地增值税税额＝20×30％＝6(万元)

2. 增值额超过扣除项目金额50％,未超过100％的情况

【示范12-2】某企业取得转让房地产收入300万元,其扣除项目金额为170万元。计算该企业应纳土地增值税金额。

【解析】该企业应进行如下纳税处理。

①增值额＝300－170＝130(万元)

②增值额与扣除项目金额的比率＝130÷170＝76.47％

③应纳土地增值税税额＝130×40％－170×5％＝43.5(万元)

3. 增值额超过扣除项目金额100％,未超过200％的情况

【示范12-3】某房地产开发公司建造并出售了一栋写字楼,取得销售收入10 000万元(营业税税率为5％,城市维护建设税税率为7％,教育费附加征收率为3％)。该公司为建造写字楼支付的地价款为1 000万元,建造该写字楼花费的房地产开发成本为2 000万元。因该公司同时建造别的商品房,不能按该写字楼计算分摊银行贷款利息支出。该公司所在地政府确定的费用扣除比例为10％。

【解析】该企业应进行如下纳税处理。

(1)确认转让房地产收入为10 000万元

(2)确定转让房地产的扣除项目金额

① 取得土地使用权所支付的金额为1 000万元。

② 房地产的开发成本为2 000万元。

③ 与转让房地产有关的费用＝(1 000＋2 000)×10％＝300(万元)

④ 与转让房地产有关的税费＝10 000×5％×(1＋7％＋3％)＝550(万元)

⑤ 从事房地产开发的加计扣除项目金额＝(1 000＋2 000)×20％＝600(万元)

⑥ 扣除项目金额合计＝1 000＋2 000＋300＋550＋600＝4 450(万元)

（3）转让房地产的增值额＝10 000－4 450＝5 550（万元）

（4）增值税与扣除项目金额＝5 550÷4 450＝124.72％

（5）应纳土地增值税税额＝5 550×50％－4 450×15％＝2 107.5（万元）

【示范12-4】某房地产开发公司转让写字楼一栋，开出增值税专用发票，金额20 000万元，税率9％、税额1 800万元。公司为取得土地使用权支付的不含增值税金额为4 000万元，开发土地、建房及配套设施支付3 800万元，开发费用共计1 500万元（其中利息支出1 000万元，未超过标准，当地政府规定其他开发费用扣除比例为5％），按规定支付了转让环节应缴纳的增值税（税率9％）、城建税（税率7％）、教育费附加（3％）、地方教育附加（2％）和印花税（税率0.5‰），计算该公司应纳土地增值税。

【解析】转让房地产收入20 000万元允许扣除项目金额。

开发费用＝1 000＋（4 000＋3 800）×5％＝1 390（万元）

转让环节增值税＝1 800（万元）

转让环节城建税及附加＝1 800×（7％＋3％＋2％）＋21 800×0.5‰

　　　　　　　　　＝216＋10.9

　　　　　　　　　＝226.9（万元）

加计扣除＝（4 000＋3 800）×20％＝1 560（万元）

扣除项目金总计＝4 000＋3 800＋1 390＋226.9＋1 560

　　　　　　　＝10 976.9（万元）

增值额＝20 000－10 976.9＝9 023.1（万元）

增值额占扣除项目比例＝9 023.1÷10 976.9＝82.2％，适用税率40％，扣除率5％。

应纳土地增值税＝9 023.1×40％－10 976.9×5％＝3 609.24－548.85＝3 060.39（万元）

第13章

示范——个人所得税纳税业务操作

13.1 缴纳个人所得税必会事项

个人所得税是以自然人取得的各类应税所得为征税对象而征收的一种所得税。

中国现行的个人所得税法的基本规范是 2011 年 9 月 1 日起施行的《中华人民共和国个人所得税法》和《中华人民共和国个人所得税法实施条例》。2018 年 8 月 31 日,第十三届全国人民代表大会常务委员会第五次会议修改通过,并于 2019 年 1 月 1 日起施行。

13.1.1 纳税义务人及应税项目

1. 纳税义务人

个人所得税的纳税义务人,包括居民个人和非居民个人,其各自的纳税义务及判断标准说明见表 13-1。

表 13-1 个人所得税纳税义务人的分类

纳税义务人	纳税义务	判断标准
居民个人	无限纳税义务	居民个人是指在中国境内有住所,或者无住所而一个纳税年度在中国境内居住累计满 183 天的个人 1. 在中国境内定居的中国公民和外国侨民 2. 从公历 1 月 1 日起至 12 月 31 日止,在中国境内累计居住满 183 天的外国人、海外侨胞和香港、澳门、台湾同胞
非居民个人	有限纳税义务	非居民个人是指不符合居民个人判定标准(条件)的纳税义务人 1. 习惯性居住地不在中国境内,而且不在中国居住 2. 在一个纳税年度内,在中国境内居住累计不满 183 天的个人

2. 应税项目

如图 13-1 所示的 10 项个人所得，应纳个人所得税。

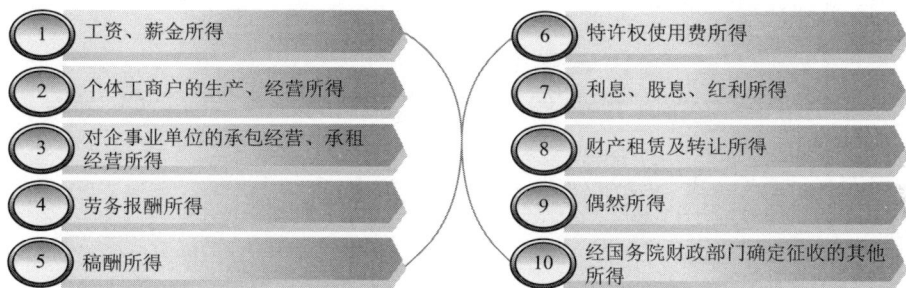

1	工资、薪金所得	6	特许权使用费所得
2	个体工商户的生产、经营所得	7	利息、股息、红利所得
3	对企事业单位的承包经营、承租经营所得	8	财产租赁及转让所得
4	劳务报酬所得	9	偶然所得
5	稿酬所得	10	经国务院财政部门确定征收的其他所得

图 13-1　应纳个人所得税的 10 项个人所得说明

(1)工资、薪金所得

工资、薪金所得指个人因任职或者受雇取得的工资、薪金、奖金、年终加薪、劳动分红、津贴、补贴以及与任职或受雇有关的其他所得。

列入企业员工工资薪金制度、固定与工资薪金一起发放的住房补贴、交通补贴、车改补贴、通信补贴、午餐费补贴等，可作为企业发生的工资薪金支出，纳入工资总额管理。

企业发放的职工福利，不计入工资总额，不缴纳个人所得税。包括如下方面。

①为职工卫生、保健、生活等发放或支付的各项现金补贴和非货币性福利，包括职工因公外地就医费用、医疗费用、自办职工食堂经费补贴或未办职工食堂统一供应午餐支出、符合国家有关规定的供暖费补贴、防暑降温费等。

②职工困难补助，或企业统筹建立和管理的专门用于帮助、救济困难职工的基金支出。

离退休人员统筹外费用，包括离休人员的医疗费及离退休人员其他统筹外费用。

按规定发生的其他职工福利费，包括丧葬补助费、抚恤费，职工异地安家费、独生子女费及其他支出。

(2)劳务报酬所得

劳务报酬所得指个人从事劳务取得的所得，包括从事设计、装潢、安装、制图、化验、测试、医疗、法律、会计、咨询、讲学、翻译、审稿、书画、雕刻、影视、录音,录像、演出、表演、广告、展览、技术服务、介绍服务、经纪服务、代办服务以及其他劳务的所得。

(3)稿酬所得

稿酬所得指个人因其作品以图书、报刊等形式出版、发表而取得的所得。

(4)特许权使用费所得

特许权使用费所得指个人提供专利权、商标权、著作权、非专利技术以及其他特许权的使用权取得的所得;提供著作权的使用权取得的所得,不包括稿酬所得。

(5)经营所得

经营所得指:①个体工商户从事生产、经营活动取得的所得,个人独资企业投资人、合伙企业的个人合伙人来源于境内注册的个人独资企业、合伙企业生产、经营的所得;②个人依法从事办学、医疗、咨询以及其他有偿服务活动取得的所得;③个人对企事业单位承包经营、承租经营以及转包、转租取得的所得;④个人从事其他生产、经营活动的所得。

(6)利息、股息、红利所得

利息、股息、红利所得指个人拥有债权、股权等而取得的利息、股息、红利所得。

(7)财产租赁所得

财产租赁所得指个人出租不动产、土地使用权、机器设备、车船以及其他财产而取得的所得。

(8)财产转让所得

财产转让所得指个人转让有价证券、股权、合伙企业中的财产份额、不动产、机器设备、车船以及其他财产取得的所得。

(9)偶然所得

偶然所得指个人得奖、中奖、中彩以及其他偶然性质的所得。

13.1.2 个人所得税税率

1. 居民个人综合所得税率

居民个人综合所得税率,见表13-2。

表 13-2　居民个人综合所得税率表

级数	月应税所得额	速算扣除数	税率	全年应税所得额	速算扣除数
1	3 000 元以下部分	0	3%	36 000 元以下部分	0
2	3 000 元~12 000 元	210	10%	36 000 元~144 000 元	2 520
3	12 000 元~25 000 元	1 410	20%	144 000 元~300 000 元	16 920
4	25 000 元~35 000 元	2 660	25%	300 000 元~420 000 元	31 920
5	35 000 元~55 000 元	4 410	30%	420 000 元~660 000 元	52 920
6	55 000 元~80 000 元	7 160	35%	660 000 元~960 000 元	85 920
7	80 000 元以上的部分	15 160	45%	960 000 元以上部分	181 920

2. 非居民企业取得工资薪金、劳务报酬、稿酬、特许权使用费所得税率

非居民企业取得工资薪金、劳务报酬、稿酬、特许权使用费所得税率,见表 13-3。

表 13-3　非居民企业取得工资薪金、劳务报酬、稿酬、特许权使用费所得适用税率表

级数	全年应税所得额	税率
1	不超过 3 000 元的	3%
2	超过 3 000 元~12 000 元的部分	10%
3	超过 12 000 元~25 000 元的部分	20%
4	超过 25 000 元~35 000 元的部分	25%
5	超过 35 000 元~55 000 元的部分	30%
6	超过 55 000 元~80 000 元的部分	35%
7	超过 80 000 元的部分	45%

3. 经营所得个人所得税率

经营所得个人所得税率,见表 13-4。

表 13-4　经营所得个人所得税率表

级数	全年应税所得额	税率	速算扣除数
1	不超过 30 000 元的	5%	0
2	30 000 元~90 000 元的部分	10%	1 500
3	90 000 元~300 000 元的部分	20%	10 500
4	300 000 元~500 000 元的部分	30%	40 500
5	超过 500 000 元的部分	35%	65 500

13.1.3 扣除项目

居民个人的综合所得,以每一个纳税年度的收入额减除费用及专项扣除、专项附加扣除和依法确定的其他扣除后的余额为应纳税所得额。

2018 年 10 月 1 日起,每月扣除标准为 5 000 元,每年 60 000 元。

计算收入时,工薪收入全额计入收入总额;劳务报酬所得、稿酬所得、特许权使用费所得以收入减除 20% 的费用后的余额为收入额;稿酬所得在收入额的基础上再减按 70% 计算。

专项扣除,包括居民个人按照国家规定范围和标准缴纳的基本养老保险、基本医疗保险、失业保险等社会保险和住房公积金等。

专项附加扣除,包括子女教育、继续教育、住房贷款利息、住房租金、赡养老人、大病医疗、3 周岁以下婴幼儿照护等支出,具体范围和标准,请看下文详细解读。

其他扣除,包括个人缴付符合国家规定的企业年金、职业年金,个人购买符合国家规定的商业健康保险、税收递延型商业养老保险的支出,以及国务院规定的其他可扣除项目。

以下是个人所得税专项附加扣除暂行办法,明确规定了专项附加扣除的适用条件和标准。

1. 子女教育

(1)享受条件

◎ 子女年满 3 周岁以上至小学前,不论是否在幼儿园学习。

◎ 子女正在接受小学、初中,高中阶段教育(普通高中、中等职业教育、技工教育)。

◎ 子女正在接受高等教育(大学专科、大学本科、硕士研究生、博士研究生教育)。

上述受教育地点,包括在中国境内和在境外接受教育。

(2)标准方式

◎ 每个子女,每月扣除 1 000 元。

◎ 多个符合扣除条件的子女,每个子女均可享受扣除。

◎ 扣除人由父母双方选择确定。既可以由父母一方全额扣除,也可以父母分别扣除 500 元。

扣除方式确定后,一个纳税年度内不能变更。

(3)起止时间

◉ 学前教育:子女年满 3 周岁的当月至小学入学前一月。

◉ 全日制学历教育:子女接受义务教育、高中教育、高等教育的入学当月至全日制学历教育结束当月。

提示:因病或其他非主观原因休学但学籍继续保留的期间,以及施教机构按规定组织实施的寒暑假等假期,可连续扣除。

(4)备查资料

◉ 境内接受教育:不需要特别留存资料。

◉ 境外接受教育:境外学校录取通知书。

◉ 留学签证等相关教育资料。

2. 继续教育

(1)享受条件

◉ 学历(学位)继续教育。

◉ 技能人员职业资格继续教育。

专业技术人员职业资格继续教育,职业资格具体范围,以人力资源社会保障部公布的国家职业资格目录为准。

(2)标准方式

学历(学位)继续教育:每月 400 元。

职业资格继续教育:3 600 元/年。

如果子女已就业,且正在接受本科以下学历继续教育,可以由父母选择按照子女教育扣除,也可以由子女本人选择按照继续教育扣除。

(3)起止时间

学历(学位)继续教育:入学的当月至教育结束的当月。

同一学历(学位)继续教育的扣除期限最长不能超过 48 个月。

职业资格继续教育:取得相关职业资格继续教育证书上载明的发证(批准)日期的所属年度,即为可以扣除的年度。

提醒:专项扣除政策从 2019 年 1 月 1 日开始实施,证书也应当为 2019 年后取得才可以生效。

(4)备查资料

职业资格继续教育:技能人员、专业技术人员职业资格证书等。

3. 住房贷款利息

(1)享受条件

本人或者配偶,单独或者共同使用商业银行或住房公积金个人住房贷款,为本人或配偶购买中国境内住房,而发生的首套住房贷款利息支出。

(2)标准方式

每月1 000元,扣除期限最长不超过240个月。

扣除人:夫妻双方约定,可以选择由其中一方扣除。确定后,一个纳税年度内不变。

(3)起止时间

贷款合同约定开始还款的当月贷款全部归还或贷款合同终止的当月,但扣除期限最长不得超过240个月。

(4)备查资料

住房贷款合同、贷款还款支出凭证等。

4. 住房租金

(1)享受条件

在主要工作城市租房,且同时符合以下条件:

● 本人及配偶在主要工作的城市没有自有住房;

● 已经实际发生了住房租金支出;

● 本人及配偶在同一纳税年度内,没有享受住房贷款利息专项附加扣除政策。即住房贷款利息与住房租金两项扣除政策只能享受其中一项,不能同时享受。

(2)标准方式

● 直辖市、省会(首府)城市、计划单列市以及国务院确定的其他城市,每月1 500元。

● 除上述城市以外的市辖区户籍人口超过100万人的城市,每月1 100元。

● 除上述城市以外的,市辖区户籍人口不超过100万人(含)的城市,每月800元。

提示:如夫妻双方主要工作城市相同的,只能由一方扣除,且为签订租赁住房合同的承租人来扣除;如夫妻双方主要工作城市不同,且无房的,可按规定标准分别进行扣除。

(3)起止时间

租赁合同(协议)约定的房屋租赁期开始的当月至租赁期结束的当月;提前终止合同(协议)的,以实际租赁行为终止的月份为准。

(4)备查资料

住房租赁合同或协议等。

5. 赡养老人

(1)享受条件

◉ 被赡养人年满60周岁(含)。

◉ 被赡养人——父母(生父母、继父母、养父母),以及子女均已去世的祖父母、外祖父母。

(2)标准方式

◉ 纳税人为独生子女,每月2 000元。

◉ 纳税人为非独生子女,可以兄弟姐妹分摊每月2 000元的扣除额度,但每人分摊的额度不能超过每月1 000元。

提示:具体分摊的方式为均摊、约定、指定分摊。约定或指定分摊的,需签订书面分摊协议。具体分摊方式和额度确定后,一个纳税年度不变。

(3)起止时间

被赡养人年满60周岁的当月至赡养义务终止的年末。

(4)备查资料

采取约定或指定分摊的,需留存分摊协议。

6. 大病医疗

(1)享受条件

医保目录范围内的医药费用支出,医保报销后的个人自付部分。

(2)标准方式

新税法实施首年发生的大病医疗支出,要在2020年才能办理。

(3)起止时间

每年1月1日至12月31日,与基本医疗相关的医药费用,扣除医保报销后个人负担(指医保目录范围内的自付部分)累计超过15 000元的部分,

155

且不超过 80 000 元的部分。

(4)备查资料

◉ 患者医药服务收费及医保报销相关票据原件或复印件。

◉ 或者医疗保障部门出具的医药费用清单等。

提示:享受个人所得税专项附加扣除的纳税人,需要填报专项附加扣除信息表,详细填写税法要求的各项具体信息。

7. 3 周岁以下婴幼儿照护

(1)享受条件

纳税人照护 3 周岁以下婴幼儿子女。

(2)标准方式

纳税人按照每个婴幼儿每月 1 000 元的标准定额扣除。

父母可以选择由其中一方按扣除标准的 100% 扣除,也可以选择由双方分别按扣除标准的 50% 扣除,具体扣除方式在一个纳税年度内不能变更。

13. 1. 4　个人所得税相关税收优惠

我国的个人所得税优惠政策主要包括免税、减税、暂免征收三种方式,下面列举几项与企业生产经营活动相关的项目,仅供读者参考。

1. 法定免征

下列各项个人所得,免纳个人所得税。

①省级人民政府、国务院部委和中国人民解放军军以上单位,以及外国组织颁发的科学、教育、技术、文化、卫生、体育、环境保护等方面的奖金。

②中华人民共和国财政部发行的债券利息和国务院批准发行的金融债券利息。

③按照国家统一规定发给的补贴、津贴。

④福利费、抚恤金、救济金。

⑤保险赔款。

⑥军人转业费、复员费、退役金。

⑦按照国家统一规定发给干部、职工的安家费、退职费、退休工资、离休工资、离休生活补助费。

⑧依照有关法律规定应予免税的各国驻华使馆、领事馆的外交代表、领

事官员和其他人员所得。

⑨中国政府参加的国际公约、签订的协议中规定免税的所得。

⑩国务院规定的其他免税所得。

2. 法定减征

有下列情形之一的,经批准可以减征个人所得税。

①因严重自然灾害造成重大损失的。

②残疾、孤老人员和烈属的所得。

3. 暂免征

下列所得,暂免征个人所得税。

①奖金。个人举报、协查各种违法、犯罪行为而获得的奖金。

②手续费。个人办理代扣代缴税款手续费,按规定取得的扣缴手续费。

③延期离退休工薪所得。达到离、退休年龄,但因工作需要,适当延长离退休年龄的高级专家,其在延长离退休期间的工资、薪金所得,视同离、退休工资免征个人所得税。

④独生子女补贴、托儿补助费、差旅费津贴、午餐补助。

⑤公积金和保险金免税。企业和个人按规定比例提取并缴付的住房公积金、医疗保险金、基本养老保险金和失业保险基金,免征个人所得税和利息所得税。

⑥股权资产缓税。对职工个人以股份制形式取得的拥有所有权的企业量化资产,暂缓征个人所得税。

13.2 工资、薪金代扣代缴纳税处理

13.2.1 工资、薪金代扣代缴纳税处理规范

工资、薪金所得一般包括员工日常工资、全年一次性奖金等,具体说明如下。

1. 员工日常工资代扣代缴个人所得税处理规范

自2019年1月1日起,我国对居民个人所得税采取累计预扣法,扣缴义务人向居民个人支付工资时,应当按照累计预扣法计算预扣税款,按月申报。

员工日常工资、薪金适用 7 级超额累进税率,自 2018 年 10 月 1 日起按每月定额扣除 5 000 元,以其余额为应纳税所得额,按适用税率计算应纳税额。具体计算公式为:

本期应预扣预缴税额＝(累计预扣预缴应纳税所得额×预扣税－

速算扣除数)－累计减免税额－累计已预扣预缴税额

累计预扣预缴应纳税所得额＝累计收入－累计免税收入－累计减除费用－

累计专项扣除－累计专项附加扣除－累计依法确定的其他扣除

2. 员工取得全年一次性奖金代扣代缴个人所得税处理规范

员工取得全年一次性奖金应纳税的,应先将员工当月内取得的全年一次性奖金或年薪,除以 12 个月,按其商数确定适用税率和速算扣除数,然后,按照以下计算公式计算个人所得税。

①如果当月工资薪金所得高于(或等于)税法规定的费用扣除额的,适用公式为:

应纳税额＝全年一次性奖金收入×适用税率－速算扣除数

②如果当月工资薪金所得低于税法规定的费用扣除额的,适用公式为:

应纳税额＝(全年一次性奖金收入－

当月工资薪金所得与费用扣除额的差额)×适用税率－速算扣除数

即

应纳税额＝(全年一次性奖金收入＋当月工资薪金－

费用扣除额)×适用税率－速算扣除数

注意事项

◆ 一个纳税年度内,对每一个纳税人,上述计税办法只允许采用一次。

◆ 雇员取得除全年一次性奖金以外的其他各种名目奖金,如半年奖、季度奖、加班奖、先进奖、考勤奖等,一律与当月工资、薪金收入合并,按税法规定缴纳个人所得税。

3. 补给员工经济补偿金代扣代缴个人所得税处理规范

企业补给员工经济补偿金需代扣代缴个人所得税包括以下两种情况。

① 企业依照国家有关法律宣告破产,员工从该破产企业取得的一次性安置费收入,免征个人所得税。

② 员工因与用人单位解除劳动关系而取得的一次性补偿收入(包括用人单位发放的经济补偿金、生活补助费和其他补助费用),其收入在当地上年职工平均工资 3 倍数额以内的部分,免征个人所得税;超过 3 倍数额部分的一次性补偿收入,可视作一次取得数月的工资、薪金收入,允许在一定期限内平均计算。其方法为:以超过 3 倍数额部分的一次性补偿收入,除以个人在本企业的工作年限数(超过 12 年的按 12 年计算),以其商数作为个人的月工资、薪金收入,按照税法规定计算缴纳个人所得税。个人在解除劳动合同后又再次任职、受雇的,已纳税的一次性补偿收入不再与再次任职、受雇的工资薪金所得合并计算补缴个人所得税。

注意事项

◆ 个人领取一次性补偿收入时按照国家和地方政府规定的比例实际缴纳的住房公积金、医疗保险费、基本养老保险费、失业保险费,可以在计征其一次性补助性收入的个人所得税时予以扣除。

13.2.2　工资、薪金代扣代缴纳税处理示范

1. 员工日常工资代扣代缴个人所得税处理示范

【示范 13-1】李某是中国公民,全年工薪收入 600 000 元,全年个人负担基本养老保险 24 384 元,基本医疗保险 6 096 元,失业保险 612 元,住房公积金 36 576 元。有特许权使用费所得 50 000 元,稿酬所得 20 000 元。李某抚养子女 2 个(由李某一方扣除),全年首套住房贷款利息 20 559 元。计算李某全年应纳个人所得税。

【解析】企业应进行如下纳税处理。

专项扣除＝24 384＋6 096＋612＋36 576＝67 668(元)

专项附加扣除＝24 000＋12 000＝36 000(元)

计税收入＝600 000＋50 000×(1－20%)＋20 000×(1－20%)×70%

　　　　＝600 000＋40 000＋11 200＝651 200(元)

应纳税所得额＝651 200－67 668－36 000－60 000＝487 532(元)

应缴纳的个人所得税＝487 532×30％－52 920

＝146 259.6－52 920

＝93 339.6(元)

2. 员工取得全年一次性奖金代扣代缴个人所得税处理示范

【示范13-2】纳税人王某2019年1月取得工资38 000元,取得全年一次性奖金144 000元,每月专项扣除为6 000元,专项附加扣除为4 000元。请计算该月收入应缴纳的个人所得税。

【解析】企业应进行如下纳税处理。

①1月工资应缴个人所得税。

应纳税所得额＝38 000－(6 000＋4 000＋5 000)＝23 000(元)

根据税率表得知适用税率为20％,速算扣除数为1 410。

应纳个人所得税＝23 000×20％－1 410＝3 190(元)

②1月份取得年终奖应纳个人所得税。

年终奖平均到每个月＝144 000÷12＝12 000(元)

查看税率表得知适用税率为10％,速算扣除数210元。

年终奖纳税＝144 000×10％－210＝14 190(元)

1月份纳税总额＝3 190＋14 190＝17 380(元)

3. 补给员工经济补偿金代扣代缴个人所得税处理示范

【示范13-3】王某2019年3月31日与企业解除劳动合同,因其在企业工作14年,领取一次性经济补偿100 000元。王某在领取一次性补偿收入时,共缴纳住房公积金、医疗保险费、基本养老保险费、失业保险费1 000元,不考虑专项附加扣除,王某所在城市上年职工平均工资为10 000元,计算企业为王某取得的该笔补偿款应代扣代缴的个人所得税金额。

【解析】企业应进行如下纳税处理。

① 企业应把这笔补偿看作王某在某一时期内的工资,100 000元扣除缴纳的住房公积金、医疗保险费、基本养老保险费、失业保险费,共计1 000元后,为99 000元。王某所在城市上年职工平均工资为10 000元,其三倍为30 000元/月,99 000－30 000＝69 000元。所以王某应当为超过当地上年职工平均工资三倍的69 000元缴纳个人所得税。

② 王某在该企业工作 14 年,应按照 12 年计算,其个人所得税计算基数为 69 000÷12＝5 750 元,以 5 750 元作为月工资计算,减去 5 000 元,得到免征额为 750 元。因此,适用税率和速算扣除数分别为 3％和 0 元。

③ 企业为王某取得的补偿款所代扣代缴的个人所得税金额＝(750×3％)×12＝270 元。

13.3 个体工商户个人所得税纳税处理

13.3.1 个体工商户个人所得税纳税处理规范

1. 应纳税所得额的确认

个体工商户的生产、经营应纳税所得额的计算公式为:

应纳税所得额＝收入总额－(成本＋费用＋损失＋准予扣除的税金)

(1)收入总额

个体工商户的收入总额,指个体工商户从事生产、经营以及与生产、经营有关的活动所取得的各项收入,包括商品(产品)销售收入、营运收入、劳务服务收入、工程价款收入、财产出租或转让收入、利息收入、其他收入和营业外收入。以上各项收入应当按照权责发生制原则确定。

(2)准予扣除的项目

在计算应纳税所得额时,准予从收入总额中扣除的项目包括成本、费用、损失和准予扣除的税金,具体说明见表 13-5。

表 13-5 计算应纳税所得额时准予扣除的项目说明

准予扣除项目		说明
成本费用	直接支出和分配计入成本的间接费用	个体工商户在生产、经营过程中实际消耗的各种原材料、辅助材料、备品配件、外购半成品、燃料、动力、包装物等直接材料和发生的商品进价成本、运输费、装卸费、包装费、折旧费、修理费、水电费、差旅费、租赁费(不包括融资租赁费)、低值易耗品等以及支付给生产经营从业人员的工资
	销售费用	个体工商户在销售产品、自制半成品和提供劳务过程中发生的各项费用,包括运输费、装卸费、包装费、委托代销手续费、广告费、展览费、销售服务费以及其他销售费用
	管理费用	个体工商户为管理和组织生产经营活动而发生的各项费用,包括劳动保险费、咨询费、诉讼费、审计费、土地使用费、低值易耗品摊销、开办费摊销、无法收回的账款(坏账损失)、业务招待费以及其他管理费用
	财务费用	个体工商户为筹集生产经营资金而发生的各项费用,包括利息净支出、汇兑净损失、金融机构手续费以及筹资中的其他财务费用

续上表

准予扣除项目	说明
损失	包括个体工商户在生产、经营过程中发生的各项营业外支出。包括固定资产盘亏、报废、毁损和出售的净损失、自然灾害或意外事故损失、公益救济性捐赠、赔偿金、违约金等
税金	包括个体工商户按规定缴纳的消费税、增值税、城市维护建设税、资源税、土地使用税、土地增值税、房产税、印花税、耕地占用税,以及教育费附加等

(3)准予在所得税前列支的其他项目及列支标准

除表13-5所列准予扣除的项目以外,我国法律还规定了一些准予在所得税前列支的其他项目,具体说明如下。

① 个体工商户在生产经营中的借款利息支出,未超过中国人民银行规定的同类、同期贷款利率计算的数额部分,准予扣除。

② 个体工商户发生的与生产经营有关的财产保险、运输保险以及从业人员的养老、医疗保险及其他保险费用支出,按国家规定的标准计算扣除。

③ 个体工商户发生的合理的劳动保护支出,准予扣除。

④ 个体工商户按规定缴纳的工商管理费、个体劳动者协会会费、摊位费,按实际发生数扣除。缴纳的其他费用,其扣除项目和扣除标准,由省、自治区、直辖市地方税务局根据当地实际情况确定。

⑤ 个体工商户在生产经营中租入固定资产而支付的费用,其扣除分两种情况处理:以融资租赁方式租入固定资产而发生的租赁费,按照规定构成融资租入固定资产价值的部分应当提取折旧费用,分期扣除;如果是以经营租赁方式租入固定资产的租赁费,按照租赁期限均匀扣除。

⑥ 个体工商户研究开发新产品、新技术、新工艺所发生的开发费用,以及研究开发新产品、新技术而购置的单台价值在5万元以下的测试仪器和试验性装置的购置费,准予扣除。超出上述标准和范围的,按固定资产管理,不得在当期扣除。

⑦ 个体工商户在货币交易中,以及纳税年度终了时将人民币以外的货币性资产、负债按照期末即期人民币汇率中间价折算为人民币时产生的汇兑损失,除已计入有关资产成本的部分外,准予扣除。

⑧ 个体工商户研究开发新产品、新技术、新工艺发生的费用以及研究开

发新产品而购置单台价值 10 万元以下的测试仪器等购置费准予扣除。

⑨ 个体工商户向其从业人员实际支付的合理的工资、薪金支出,允许在税前据实扣除。

⑩ 个体工商户拨缴的工会经费、发生的职工福利费、职工教育经费支出分别在工资或薪金总额 2%、8%、14% 的标准内据实扣除。

⑪ 个体工商户每一纳税年度发生的广告费和业务宣传费用不超过当年销售(营业)收入 15% 的部分,可据实扣除;超过部分,准予在以后纳税年度结转扣除。

⑫ 个体工商户每一纳税年度发生的与其生产经营业务直接相关的业务招待费支出,按照发生额的 60% 扣除,但最高不得超过当年销售(营业)收入的 5‰。

⑬ 个体工商户将其所得通过中国境内的社会团体、国家机关,向教育和其他社会公益事业以及遭受严重自然灾害地区、贫困地区的捐赠额不超过其应纳税所得额 30% 的部分可以据实扣除。纳税人直接给受益人的捐赠不得扣除。

⑭ 个体工商户在生产经营过程中发生的与家庭生活混用的费用,由主管税务机关核定分摊比例,据此计算确定的属于生产经营过程中发生的费用,准予扣除。

⑮ 个体工商户的年度经营亏损,经申报主管税务机关审核后,允许用下一年度的经营所得弥补。下一年度所得不足弥补的,允许逐年延续弥补,但最长不得超过五年。

⑯ 个体工商户购入低值易耗品的支出,原则上一次性摊销,但一次性购入价值较大的,应分期摊销。分期摊销的价值标准和期限由各省、自治区、直辖市地方税务局确定。

2. 应纳税额的计算方法

个体工商户的生产、经营所得适用五级超额累进税率,以其应纳税所得额按适用税率计算应纳税额。其计算公式为:

$$应纳税额＝应纳税所得额×适用税率－速算扣除数$$

由于个体工商户生产、经营所得的应纳税额实行按年计算、分月或分季预缴、年终汇算清缴、多退少补的方法。因此,在实际工作中,需要分别计算按月预缴税额和年终汇算清缴税额。其计算公式为：

$$本月应预缴税额＝本月累计应纳税所得额×适用税率－$$
$$速算扣除数－上月累计已预缴税额$$

上述公式中的适用税率,指与本月累计应纳税所得额对应的税率。

$$年终汇算清缴税额＝全年应纳税额－全年累计已预缴税额$$

上述公式结果为正数需补缴,为负数则退额。

13.3.2　个体工商户个人所得税纳税处理示范

【示范 13-4】某个体工商户,2020 年度有关经营情况如下:

(1)取得营业收入 2 000 000 元。

(2)发生营业成本 1 300 000 元。

(3)发生增值税费 52 800 元。

(4)发生管理费用 260 000 元(其中业务招待费 50 000 元)。

(5)12 月份购买小货车一辆支出 50 000 元。

(6)共有雇员 10 人,人均工资 2 000 元/月,共开支工资 240 000 元。

(7)业主个人每月领取工资 4 000 元,共开支工资 48 000 元。

(8)实际列支三项经费 40 000 元(工会经费、职工福利费、职工教育经费分别为 3 000 元、32 000 元、5 000 元,工资和经费未计入成本费用中)。

(9)当年向某单位借入流动资金 100 000 元,支付利息费用 10 000 元,同期银行贷款利率为 4.8%。

(10)9 月份车辆在运输途中发生车祸被损坏,损失 45 000 元,11 月取得保险公司的赔款 25 000 元。

(11)对外投资,分得股息 30 000 元。

现要求分析并核算该个体工商户 2018 年度经营所得应缴纳个人所得税。

【解析】该个体工商户应进行如下纳税处理。

①确认收入总额为 2 000 000 元。

②营业成本 1 300 000 元,增值税费 52 800 元,雇员工资 240 000 元,都可全额扣除。

③可以扣除的业务招待费限额为 2 000 000×0.5‰＝10 000 元,除业务

招待费的管理费用可全额扣除;因此可扣除金额＝260 000－50 000＋10 000＝220 000 元。

④购买小货车的 50 000 元应做固定资产处理,不能予以扣除。

⑤业主个人的工资只能以 5 000 元/月标准扣除,因此准予扣除的金额＝5 000×12＝60 000 元。

⑥实际列支的三项经费 40 000 元,都能予以扣除。

⑦非金融机构的借款利息费用按同期银行的贷款利率计算扣除,超过部分不得扣除。利息费用扣除限额＝100 000×4.8％＝4 800 元。

⑧小货车损失有赔偿的部分不能扣除。小货车损失应扣除额＝45 000－25 000＝20 000 元。

⑨对外投资分回的股息 30 000 元,应按股息项目单独计算缴纳个人所得税,不能并入营运的应纳税所得额一并计算纳税。

该个体工商户 2018 年度经营所得应缴纳个人所得税的应纳税所得额＝2 000 000－1 300 000－52 800－240 000－220 000－60 000－40 000－4 800－20 000＝62 400 元,适用税率为 10％,速算扣除数为 1 500。所以,该个体工商户 2018 年度经营所得应缴纳个人所得税＝62 400×10％－1 500＝4 740 元。

13.4 企事业单位承包、承租经营纳税处理

13.4.1 企事业单位承包、承租经营纳税处理规范

1. 企事业单位承包、承租经营所得的判定原则

由于我国《个人所得税法》采用了分项所得税制模式,应税所得难免在实际操作中出现交叉界定的情况,所以应税所得需要判定是否是企事业单位承包经营、承租经营所得。

承包或承租人拥有经营成果的所有权,其收入水平完全由经营状况好坏而确定,其收入性质为对企事业单位承包承租经营所得,应按对企事业单位承包经营、承租经营所得项目计征个人所得税。

如果承包或承租人并不真正对经营成果拥有所有权,仅根据有关合同

(协议)的规定,对企事业单位承担一定的经济责任,其经营获利可得到一定的奖金或提成,经营亏损,受到一定处罚,向发包方、出租方缴纳赔偿金,除此以外,其仍可按月或按次从企事业单位取得固定的报酬,该承包人或承租人从企事业单位取得的所得则属于工资、薪金所得。应按工资、薪金所得计征个人所得税。

2. 企事业单位承包、承租经营应纳税所得额的计算

对企事业单位承包、承租经营,以每一纳税年度分得经营利润和工资薪金性质的所得的总额,减除必要费用后的余额作为应纳税所得额。分得经营利润一般为经营收入减除准予扣除的与经营活动有关的支出项目和承包费。根据相关法律法规,减除的必要费用为定额每年 60 000 元(以 5 000元/月计算)。

注意事项

◆ 在一个纳税年度中,承包经营或者承租经营期限不足一年的,以其实际经营期为纳税年度。

◆ 对企事业单位的承包、承租经营所得适用的速算扣除数,同个体工商户的生产、经营所得适用的速算扣除数。

3. 企事业单位承包、承租经营应纳税额的计算公式

应纳税额(月)=应纳税所得额×适用税率-速算扣除数

=(分得经营利润+工资薪金性质的所得-必要费用)×

适用税率-速算扣除数

13.4.2　企事业单位承包、承租经营纳税处理示范

【示范 13-5】王某于 2018 年 1 月 1 日起承包某国有企业门市部,拥有经营成果的所有权,经营期限 10 个月,取得营业收入 300 000 元,准许扣除的与经营收入有关的支出总额为 140 000 元,承包费为 60 000 元,计算王某承包经营所得应缴纳个人所得税。

【解析】王某应进行如下纳税处理。

①根据王某拥有经营成果的所有权,判断王某承包经营所得属于对企

事业单位的承包经营、承租经营所得范围。

②10 个月经营权下的应纳税所得额如下。

应纳税所得额＝分得经营利润＋工资薪金性质的所得－必要费用

＝营业收入－承包费－准许扣除的费用－必要费用

＝300 000－60 000－140 000－5000×10

＝50 000(元)

适用 10％税率,速算扣除数为 1 500。

③王某承包经营所得应缴纳个人所得税。

应缴纳的个人所得税＝50 000×10％－1 500＝3 500(元)

13.5 其他所得代扣代缴纳税处理

13.5.1 劳动报酬、稿酬、特许权使用费纳税处理示范

扣缴义务人向居民个人支付劳务报酬所得、稿酬所得、特许权使用费所得时,应当按次或者按月预扣预缴税款。

属于一次性收入的,以取得该项收入为一次;属于同一项目连续性收入的,以一个月内取得的收入为一次。

劳务报酬所得、稿酬所得、特许权使用费所得每次收入不超过 4 000 元的,公式为:

收入额＝每次收入或每月收入－800

劳务报酬所得、稿酬所得、特许权使用费所得每次收入 4 000 元以上的,公式为:

收入额＝每次收入或每月收入×(1－20％)

稿酬所得、特许权使用费所得适用 20％的比例预扣率。其中,稿酬所得的收入额减按 70％计算。居民个人劳务报酬所得适用税率见表 13-6。

表 13-6 居民个人劳务报酬所得预缴个人所得税表

级数	应税所得额	税率	速算扣除数
1	不超过 20 000 元的	20％	0
2	20 000 元～50 000 元的部分	30％	2 000
3	超过 50 000 元的部分	40％	7 000

居民个人办理年度综合所得汇算清缴时,应当依法计算劳务报酬所得、稿酬所得、特许权使用费所得的收入额,并入年度综合所得计算应纳税款,税款多退少补。

非居民个人的劳务报酬所得、稿酬所得、特许权使用费所得,以每次收入额减除20%后的余额为应纳税所得额。其中,稿酬所得的收入额减按70%计算。非居民个人工资、薪金所得,劳务报酬所得,稿酬所得,特许权使用费所得适用税率见表13-7。

表13-7　非居民个人综合所得税率表

级数	月应税所得额	速算扣除数	税率
1	3 000元以下部分	0	3%
2	3 000元~12 000元	210	10%
3	12 000元~25 000元	1 410	20%
4	25 000元~35 000元	2 660	25%
5	35 000元~55 000元	4 410	30%
6	55 000元~80 000元	7 160	35%
7	80 000元以上的部分	15 160	45%

【示范13-6】非居民个人王某2019年1月工资为50 000元,另有劳务费收入20 000元,假设不考虑社保公积金及专项附加扣除等,计算1月份应纳个人所得税。

【解析】王某应进行如下纳税处理。

应纳税所得额＝50 000＋20 000×(1−20%)−5 000

　　　　　　＝50 000＋16 000−5 000

　　　　　　＝61 000(元)

适用税率35%,速算扣除数7 160元。

应纳税额＝61 000×35%−7 160＝14 190(元)

13.5.2　财产转让所得纳税处理示范

财产转让所得按次纳税,适用税率20%,以个人每次转让财产取得的收入额减除财产原值和合理费用后的余额为应纳税所得额。

应纳所得额＝每次转让财产收入−财产原值−合理税费

应纳税额＝应纳税所得额×20%

个人出售自有房屋,属于转让财产所得,应征收个人所得税。

税法规定,对个人销售或者购买住房暂免征印花税;对个人销售住房免征土地增值税。

个人转让住房,能够提供房屋原值相应凭证的,主管税务机关审核相应凭证后确定房屋原值;纳税人同时提供购房发票、契税缴税凭证的,按孰高原则确定房屋原值;纳税人不能提供房屋原值相应凭证的,主管税务机关应通过税收征管、房屋登记等信息系统对房屋原值进行核实。未能核实的,个人所得税税款按照本次房屋交易价格以核定征收率1%计算。

以下情形的房屋产权无偿赠与,对当事双方不征收个人所得税。

① 房屋产权所有人将房屋产权无偿赠与配偶、父母、子女、祖父母、外祖父母、孙子女、外孙子女、兄弟姐妹。

② 房屋产权所有人将房屋产权无偿赠与对其承担直接抚养或者赡养义务的抚养人或者赡养人。

③ 房屋产权所有人死亡,依法取得房屋产权的法定继承人、遗嘱继承人或者受遗赠人。

受赠人转让受赠房屋的,以其转让受赠房屋的收入减除原捐赠人取得该房屋的实际购置成本以及赠与和转让过程中受赠人支付的相关税费后的余额,为受赠人的应纳税所得额,依法计征个人所得税。受赠人转让受赠房屋价格明显偏低且无正当理由的,税务机关可以依据该房屋的市场评估价格或其他合理方式确定的价格核定其转让收入。

【示范13-7】王某5年前购买住房700万元,2021年5月出售,不含税售价2 100万元,已知税费为8.4万元,税费由卖方承担。

【解析】王某应进行如下纳税处理。

因税法规定,对个人销售或者购买住房暂免征印花税;对个人销售住房免征土地增值税。

个人所得税=(2 100−700−8.4)×20%=278.32(万元)

第14章

示范——城镇土地使用税纳税业务操作

14.1　缴纳城镇土地使用税必会事项

城镇土地使用税是以国有土地或集团土地为征税对象,以实际占用的土地面积为计税依据,对拥有土地使用权的单位和个人征收的一种行为税。中国现行的城镇土地使用税的基本规范,是 2006 年 12 月 31 日《国务院关于修订〈中华人民共和国城镇土地使用税暂行条例〉的决定》(以下简称《城镇土地使用税暂行条例》)。

14.1.1　纳税义务人与征税范围

1. 纳税义务人

在城市、县城、建制镇、工矿区范围内使用土地的单位和个人,为城镇土地使用税的纳税义务人,应当依照《城镇土地使用税暂行条例》的规定缴纳土地使用税。

城镇土地使用税的纳税人通常包括图 14-1 所示的四类。

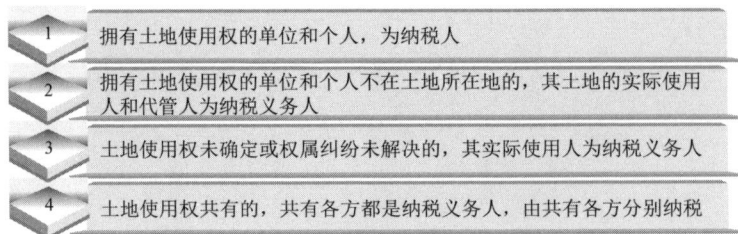

1	拥有土地使用权的单位和个人,为纳税人
2	拥有土地使用权的单位和个人不在土地所在地的,其土地的实际使用人和代管人为纳税义务人
3	土地使用权未确定或权属纠纷未解决的,其实际使用人为纳税义务人
4	土地使用权共有的,共有各方都是纳税义务人,由共有各方分别纳税

图 14-1　城镇土地使用税的四类纳税人

注意事项

◆ 几个人或几个单位共同拥有一块土地的使用权,这块土地的城镇土地使用税的纳税人应是对这块土地拥有使用权的每一个人或每一个单位。他们应以其实际使用的土地面积占总面积的比例,分别计算缴纳土地使用税。

2. 征税范围

城镇土地使用税的征税范围,包括在城市、县城、建制镇和工矿区的国家所有和集体所有的土地。上述范围应按照表 14-1 所示的标准确认。

表 14-1　征税范围标准确认表

征税范围	具体标准
城市	指经国务院批准设立的市
县城	指县人民政府所在地
建制镇	指经省、自治区、直辖市人民政府批准设立的建制镇
工矿区	指工商业比较发达,人口比较集中,符合国务院规定的建制镇标准,但尚未设立建制镇的大中型工矿企业所在地,工矿区须经省、自治区、直辖市人民政府批准

注意事项

◆ 上述城镇土地使用税的征税范围中,城市的土地包括市区和郊区的土地,县城的土地指县人民政府所在地的城镇的土地,建制镇的土地指镇人民政府所在地的土地。

◆ 对建立在城市、县城、建制镇和工矿区以外的工矿企业则不需要缴纳城镇土地使用税。

14.1.2　计税依据以及税率说明

1. 计税依据

城镇土地使用税以纳税人实际占用的土地面积为计税依据,土地面积计量标准为每平方米。即税务机关根据纳税人实际占用的土地面积,按照规定的税额计算应纳税额,向纳税人征收土地使用税。

纳税人实际占用的土地面积按图 14-2 所示的办法进行确定。

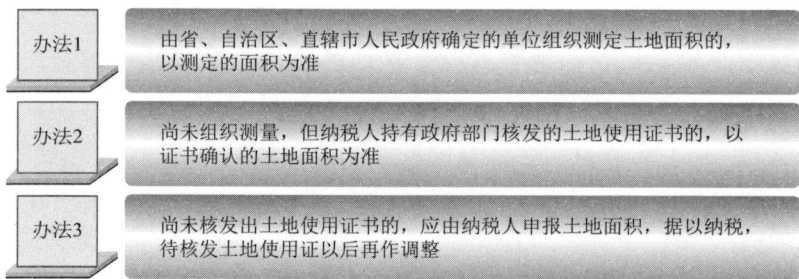

办法1	由省、自治区、直辖市人民政府确定的单位组织测定土地面积的,以测定的面积为准
办法2	尚未组织测量,但纳税人持有政府部门核发的土地使用证书的,以证书确认的土地面积为准
办法3	尚未核发出土地使用证书的,应由纳税人申报土地面积,据以纳税,待核发土地使用证以后再作调整

图 14-2　纳税人实际占用土地面积确定办法

2. 税率

城镇土地使用税采用定额税率,即采用有幅度的差别税额,按大、中、小城市和县城、建制镇、工矿区分别规定每平方米土地使用税年应纳税额。具体规定见表 14-2。

表 14-2　城镇土地使用税税率说明表

级别	人口/(人)	税率/(每平方米)
大城市	50 万以上	1.5 元～30 元
中等城市	20 万～50 万	1.2 元～24 元
小城市	20 万以下	0.9 元～18 元
县城、建制镇、工矿区	—	0.6 元～12 元

注意事项

◆ 各省、自治区、直辖市人民政府可根据市政建设状况和经济繁荣程度在规定税额幅度内,确定所辖地区的适用税额幅度。经济落后地区,土地使用税的适用税额标准可适当降低,但降低额不得超过以上规定最低税额的 30%。经济发达地区土地使用税的适用税额标准可以适当提高,但须报经财政部批准。

14.1.3 相关税收优惠政策

1. 法定免缴土地使用税的优惠

根据有关规定，以下 11 种情况，可以法定免缴土地使用税。

①国家机关、人民团体、军队自用的土地。

②由国家财政部门拨付事业经费的单位自用的土地。

③宗教寺庙、公园、名胜古迹自用的土地。

④市政街道、广场、绿化地带等公共用地。

⑤直接用于农、林、牧、渔业的生产用地。

⑥经批准开山填海整治的土地和改造的废弃土地，从使用的月份起免缴土地使用税 10 年。

⑦对非营利性医疗机构、疾病控制机构和妇幼保健机构等卫生机构自用的土地，免征城镇土地使用税。对营利性医疗机构自用的土地自 2000 年起免征城镇土地使用税 3 年。

⑧企业办的学校、医院、托儿所、幼儿园，其用地能与企业其他用地明确区分的，免征城镇土地使用税。

⑨免税单位、无偿使用纳税单位的土地（如公安、海关等单位使用铁路、民航等单位的土地），免征城镇土地使用税。纳税单位无偿使用免税单位的土地，纳税单位应照章缴纳城镇土地使用税。纳税单位与免税单位共同使用、共有使用权的土地上的多层建筑，对纳税单位可按其占用的建筑面积占建筑总面积的比例计征城镇土地使用税。

⑩对行使国家行政管理职能的中国人民银行总行（含国家外汇管理局）所属分支机构自用的土地，免征城镇土地使用税。

⑪为了体现国家的产业政策，支持重点产业的发展，对石油、电力、煤炭等能源用地，民用港口、铁路等交通用地和水利设施用地，三线调整企业、盐业、采石场、邮电等一些特殊用地划分了征免税界限和给予政策性免税照顾。

2023 年 12 月 31 日之前，对国家级、省级科技企业孵化器、大学科技园和国家备案众创空间自用以及无偿或通过出租等方式提供给在孵对象使用的房产、土地，免征城镇土地使用税。

2. 省、自治区、直辖市地方税务局确定减免土地使用税的优惠

①个人所有的居住房屋及院落用地。

②免税单位职工家属的宿舍用地。

③民政部门举办的安置残疾人占一定比例的福利工厂用地。

④集体和个人办的各类学校、医院、托儿所、幼儿园用地。

2022 年 1 月 1 日至 2024 年 12 月 31 日,对增值税小规模纳税人、小型微利企业和个体工商户可以在 50% 的税额幅度内减征城镇土地使用税。

14.2 城镇土地使用税纳税业务处理

14.2.1 城镇土地使用税纳税处理规范

城镇土地使用税的应纳税额可以通过纳税人实际占用的土地面积乘以该土地所有地段的适用税额求得。其计算公式如下:

全年应纳税额＝实际占用应税土地面积(平方米)×适用税额

即以企业土地所在地域,找出所属等级,以及对应的年税额,然后乘以总土地面积扣除免税土地面积后的余额,计算得出年度应缴纳的土地使用税。

注意事项

◆ 在计算土地使用税时如果一宗地涉及两个等级范围,则从高征收;道路两侧涉及两个级次的宗地,则从高征收。

◆ 如果属于高层建筑并多家共用一宗土地,每一产权者应缴纳的土地使用税应按拥有建筑面积占总建筑面积比例计算。

◆ 房地产企业开发用地以当年未办理土地产权转移的房屋占地面积为计税依据。

14.2.2 城镇土地使用税纳税处理示范

【示范 14-1】某外贸企业,拥有某办公楼 644 平方米(建筑面积),该楼每层建筑面积 1 288 平方米,共计 20 层。该楼占地面积 6 000 平方米(按照北

京市规定属于第三级土地），土地面积为共用。

计算该企业应缴纳城镇土地使用税。（根据北京相关规定，北京市城镇土地使用税等级分为六级，每平方米各级土地税标准为一级土地30元；二级土地24元；三级土地18元；四级土地12元；五级土地3元；六级土地1.5元）

【解析】该企业应进行如下纳税处理。

①计算应纳税面积。

$$应纳税面积＝6\,000×\frac{644}{1\,288×20}＝150（平方米）$$

②计算应缴纳城镇土地使用税。

年应纳税税额＝150×18＝2\,700（元）

第 15 章

示范——城市维护建设与教育费附加纳税业务操作

15.1 城市维护建设纳税业务操作

城市维护建设税指国家对缴纳增值税、消费税的单位和个人,就其实际缴纳的增值税和消费税税额为计税依据而征收的一种税。

我国现行城市维护建设税的基本规范是 1985 年 2 月 8 日国务院发布并实施的《中华人民共和国城市维护建设税暂行条例》。

15.1.1 缴纳城市维护建设税必会事项

1. 纳税义务人

凡缴纳增值税、消费税的单位和个人,都是城市维护建设税的纳税义务人(以下简称纳税人)。单位包括国有企业、集体企业、私营企业、股份制企业、其他企业和行政单位、事业单位、军事单位、社会团体及其他单位。个人包括个体经营者及其他个人。

自 2010 年 12 月 1 日起,对外商投资企业、外国企业及外籍个人征收城市维护建设税。

2. 税率

城市维护建设税税率是城市维护建设税法的中心环节,指纳税人应缴纳的城市维护建设税税额与纳税人实际缴纳的增值税和消费税税额之间的比例。

城市维护建设税实行地区差别比例税率,即按纳税人所在城市、县城或镇等不同的行政区域分别规定不同的比例税率。具体规定见表 15-1。

表 15-1　城市维护建设税区域划分及税率说明表

所在地区	具体税率
市区	7%
县城、镇	5%
不在市区、县城或镇	1%

城市维护建设税的适用税率,应当按纳税人所在地的规定税率执行。但对图 15-1 所示的两种情况,可按缴纳增值税和消费税所在地的规定税率就地缴纳城市维护建设税。

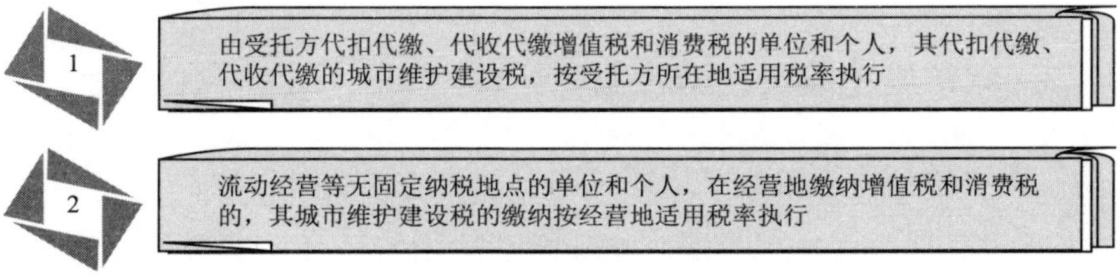

1　由受托方代扣代缴、代收代缴增值税和消费税的单位和个人,其代扣代缴、代收代缴的城市维护建设税,按受托方所在地适用税率执行

2　流动经营等无固定纳税地点的单位和个人,在经营地缴纳增值税和消费税的,其城市维护建设税的缴纳按经营地适用税率执行

图 15-1　特殊情况说明

3. 计税依据

城市维护建设税以纳税人实际缴纳的增值税和消费税税额为计税依据。增值税和消费税应纳税额,不包括加收的滞纳金和罚款。但纳税人在被查补增值税和消费税和被处以罚款时,应同时对其偷漏的城市维护建设税进行补税,征收滞纳金和罚款。

城市维护建设税以增值税和消费税税额为计税依据并同时征收,如果要减征或免征增值税和消费税,也就要同时减征或免征城市维护建设税。对于同减免税而需进行增值税和消费税退库时,城市维护建设税也可同时退库。

4. 城市维护建设税的优惠规定

城市维护建设税原则上不单独减免,但因城市维护建设税又具附加税性质,当主税发生减免时,城市维护建设税相应发生税收减免。

城市维护建设税的税收减免具体包括图 15-2 所示的五种情况。

情况一	城市维护建设税按减免后实际缴纳的增值税和消费税税额计征,即随增值税和消费税的减免而减免
情况二	对于因减免税而需进行增值税和消费税退库的,城市建设维护税也可同时退税
情况三	海关对进口产品代征的增值税、消费税,不征收城市维护建设税
情况四	对国家重大水利工程建设基金,免征城市维护建设税和教育费附加
情况五	对增值税和消费税实行先征后返、先征后退、即征即退办法的,除另有规定外,对随增值税和消费税附征的城市维护建设税和教育费附加,一律不予退还

注意:2022年1月1日至2024年12月31日,对增值税小规模纳税人、小型微利企业和个体工商户可以在50%的税额幅度内减征城市维护建设税。

图 15-2 城市维护建设税的税收减免情况说明

15.1.2 城市维护建设税纳税业务处理

1. 城市维护建设税纳税处理规范

城市维护建设税纳税人以其实际缴纳的增值税和消费税税额为计税依据,计算确定应纳城市维护建设税税额的大小,具体计算公式如下:

应纳税额=(实际缴纳增值税+消费税)×适用税率

根据财税〔2005〕25号规定:自2005年1月1日起,就生产企业出口货物全面实行免抵退税办法后,经国家税务总局正式审核批准的当期免抵的增值税税额应纳入城市维护建设税和教育费附加的计征范围,分别按规定的税(费)率征收城市维护建设税和教育费附加。

2005年1月1日前,已按免抵的增值税税额征收的城市维护建设税和教育费附加不再退还,未征的不再补征。

所以,公式中的增值税部分还应该加上生产企业出口货物实行免抵退税办法产生的免抵税额;如果当期有免抵税额,一般在生产企业免抵退汇总表中会有体现。实行免抵退的生产企业的城建税计算公式如下:

应纳税额=(增值税应纳税额+当期免抵税额+消费税)×适用税率

2. 城市维护建设税纳税处理示范

【示范15-1】某市一企业2018年1月份实际缴纳增值税230 000元,缴纳消费税340 000元。计算该企业应缴纳城市维护建设税的金额。

【解析】该企业应进行如下纳税处理。

应纳城市维护建设税税额

＝(实际缴纳的增值税＋实际缴纳的消费税)×适用税率

＝(230 000＋340 000)×7%

＝39 900(元)

【示范15-2】某市一企业为增值税一般纳税人,主要业务为外购美容产品、生产和销售成套美容产品,2018年1月有关生产经营情况如下。

(1)期初库存外购已税美容产品4 000 000元。本期外购已税美容产品取得增值税专用发票,支付价款26 000 000元、增值税税额4 420 000元,发票已通过认证。

(2)生产领用外购已税化妆品2 600 000元。

(3)批发销售成套美容产品300 000件,开具增值税专用发票,取得销售额60 000 000元;零售成套美容产品100 000件,开具普通发票,取得销售收入20 000 000元。

(4)销售外购的商标权取得销售收入1 200 000元。

【解析】该企业应进行如下纳税处理。

①应纳增值税。

当期销项税额＝[60 000 000＋20 000 000÷(1＋13%)]×13%＝10 100 884.96(元)

当期进项税额＝4 420 000(元)

应纳增值税税额＝10 100 884.96－4 420 000＝5 680 884.96(元)

②应纳消费税。

外购已税美容产品用于连续生产成套美容产品后销售计算缴纳消费税时,准予按领用数量抵扣已纳消费税税款。

当期准予抵扣的已纳消费税税款＝2 600 000×30%＝780 000(元)

应纳消费税税额＝[60 000 000＋20 000 000÷(1＋13%)]×15%－780 000＝11 654 867.26－780 000＝10 874 867.26(元)

③应纳城市维护建设税。

应纳城市维护建设税税额＝(5 680 884.96＋10 874 867.26)×7%＝1 158 902.66(元)

15.2 教育费附加纳税业务操作

教育费附加是以单位和个人缴纳的增值税、消费税、营业税税额为计算依据征收的一种附加费。国务院于 1986 年 4 月 28 日颁布了《征收教育费附加的暂行规定》,同年 7 月 1 日开始在全国范围内征收教育费附加。

15.2.1 缴纳教育费附加必会事项

教育费附加指对缴纳增值税、消费税的单位和个人,就其实际缴纳的增值税、消费税税额为计算依据而征收的一种附加费。

1. 征税范围及计税依据

教育费附加对缴纳增值税、消费税的单位和个人征收,以其实际缴纳的增值税和消费税(不包括加收的滞纳金和罚款)为计征依据,分别为增值税、消费税同时缴纳。

2. 教育费附加减免规定

教育费附加减免规定如下。

① 对海关进口的产品征收的增值税、消费税,不征收教育费附加。

② 对由于因减免增值税、消费税而发生退税的,可同时退还已征收的教育费附加。但对出口产品退还增值税、消费税的,不退还征收的教育费附加。

③ 对国家重大水利工程建设基金,免征教育税附加。

2022 年 1 月 1 日至 2024 年 12 月 31 日,对增值税小规模纳税人、小型微利企业和个体工商户可以在 50% 的税额幅度内减征教育费附加和地方教育税附加。

15.2.2 教育费附加纳税业务处理

1. 教育费附加的计算

现行教育费附加征收比率为 3%,地方教育税附加征收比率为 2%。

应纳教育费附加或地方教育费附加 =(实际缴纳的增值税 +
实际缴纳的消费税)×征收比率

2. 教育费附加纳税处理示范

【示范15-3】承示范15-1，计算该企业应纳教育费附加金额。

【解析】该企业应进行如下纳税处理。

应纳教育费附加＝(230 000＋340 000)×3%＝17 100(元)

应纳地方教育费附加＝(230 000＋340 000)×2%＝11 400(元)